ÉTRENNES GAILLARDES,

DÉDIÉES

A MA COMMERE.

*Recueil nouveau de Contes en vers,
de Chansons, d'Epigrammes, &c.*

A LAMPSAQUE,

De l'Imprimerie du Dieu des Jardins.

M. DCC. LXXXII.

A MA COMMERE.

CE n'eſt pas une Epître dédicatoire que je vous adreſſe, c'eſt une ſimple Lettre que je vous écris ; n'y cherchez donc ni tournures délicates, ni périphraſes ingénieuſes, ni tout ce qui ſent l'Auteur. Je ne le ſuis pas, Dieu merci : je ne ſuis qu'un Editeur gai & gaillard ; j'ai conſacré quinze ou vingt jours, plus ou moins, à raſſembler des Contes joyeux, pour vous rendre une fois le plaiſir que vous m'avez donné mille. De toutes les Francomtoiſes qui embelliſſent & récréent la Capitale, vous êtes ſans contredit la plus aimable ; votre taille eſt ſvelte, vos yeux ſont noirs & vifs, vos genous charnus & ronds, vos mains potelées, vos joues parées des plus belles couleurs, enfin vous êtes à trente ans ce qu'une autre femme eſt à vingt. Vous croyez peut-être, ma chere Commere, que ma franchiſe ordinaire a fait place au ton complimenteur, détrompez-vous : tel je ſuis en parlant, tel en écrivant, & je vais vous répéter ce que je vous ai dit vingt fois fans que votre amour-propre en ait paru bleffé, tant vous êtes mo- defte! Votre fein n'eft ni plus ferme, ni plus rond qu'un autre, votre petit pied fait mentir le proverbe ; mais ces légeres im- perfections fervent d'ombres au tableau : vous n'en êtes pas moins chere à tous ceux qui vous connoiffent, on ne parle de vous qu'avec feu, & je fais bien pour- quoi; c'eft que dans un fiecle où chacun vante beaucoup l'humanité, vous êtes humaine autant qu'on peut l'être. Avec quel défintéreffement, ne venez-vous pas au fecours d'une foule d'Amateurs! votre main s'ouvre pour les uns, & votre cœur pour les autres. Vous favez que la foibleffe humaine & vos charmes changent une of- frande libre en un impôt forcé, & malgré cela, vous ne rançonnez perfonne. Le pauvre Abbé Piquet, le petit Vicaire de notre Paroiffe, & le Pere Briffard, que j'ai rencontrés ce matin, me le difoient encore ; tel Géometre le démontre, & tel Muficien le chante à qui veut l'entendre. Si tous ces Meffieurs publient votre géné-

rofité fur les toîts, puis-je faire moins que
de l'élever jufqu'aux nues, moi que vous
avez diftingué dans la foule, moi à qui
vous avez accordé tant de faveurs pi-
quantes pour le feul plaifir de m'en accorder, moi enfin à qui vous avez avoué en
rougiffant que j'avois fait votre conquête ?
Je ferois le plus ingrat des hommes, ma
Commere, fi je ne continuois pas à vous
voir fur le même pied, fur-tout lorfque
mes facultés & votre maniere d'agir à
mon égard s'accordent fi bien enfemble.
Cependant il ne fera pas dit que je ne
cherche pas à m'acquitter envers vous ;
je fais que vous aimez la belle littérature,
je vous ai furprife plus d'une fois le
Moyen de parvenir à la main, & je me
fuis même apperçu que, douée d'une ima-
gination très-vive, vous vous trouvez,
à la fuite de vos lectures, dans des dif-
pofitions qui tournent à bien pour vous,
& à mal pour moi ; mais duffé-je rifquer
de nouvelles fatigues, je vous offre ce
petit Recueil, en vous priant de le lire,
de le recommander à vos amis, & fur-
tout de l'envoyer à Befançon. Sur ce,

A 3

ma Commere, je vous baife les mains.
Ne foyez pas étonnée que je ne vous
faffe aujourd'hui ma cour que par écrit,
notre derniere entrevue m'a mis pour quelque temps hors d'état de vous la faire
autrement ; ce qui n'empêche pas que
mon amour ne réponde au vôtre.

Votre Compere,
Y. X. ****

ETRENNES GAILLARDES.

LA FEMME SANS CHOSE,

CONTE.

Le trait suivant, Lecteur, est d'assez bon aloi:
  Je le tiens de Monsieur Geronte
Lequel me l'a donné pour une histoire ; & moi
  Je vous le donne pour un Conte :
Car il faut, tant qu'on peut, être de bonne foi.
C'est tout près de Paris que se passe la Scene.
  Un Grenadier (la Rose étoit son nom)
    Jeune, bien fait, bon compagnon,
    Etant en semestre à Surene,
De Thérese un beau jour lorgna le pied mignon.

Corbleu ! dit-il, la bonne aubaine !
Qui pourroit l'attirer à foi
Auroit un vrai morceau de Roi,
Ou tout au moins de Capitaine.
Il aborde à l'inftant Thérefe fans façon,
D'un air joyeux lui conte fa fleurette
Et lui porte la main au-deffous du menton :
Son gefte, fon habit, fon ton
Plurent beaucoup à la fillette :
Bref, quelques jours après la retrouvant feulette,
Dans le fond d'une grange à fa dévotion,
Il ne put réfifter à la tentation,
Et l'affaire fut bientôt faite.
N'en parlons plus ; ajoutons feulement
Que depuis cet heureux moment,
Thérefe & fon ami, tous les jours en cachette,
Alloient au même lieu fe rendre exactement.
Thérefe y vint un foir, elle étoit inquiete
Et paroiffoit rêver profondément.
En regardant la Rofe, elle refte muette.
Qu'as-tu, lui dit-il, mon enfant,
Et qui peut te caufer une peine fécrete?
Ne cache rien à ton Amant,

Parle. Thérefe enfin parla naïvement :

    « On me dit que je fuis gentille ;

    » Mais la ferai-je encor long-temps ?

» Vienne Saint-Nicolas, j'aurai mes vingt-deux ans,

    » Et je ne veux pas mourir fille.

» Je fais que le Meûnier du Village voifin

» A mon pere en fecret a demandé ma main ;

» Et mon pere a dit oui : fuffit que j'y confente,

» J'épouferai Colas pas plus tard que demain.

» Confeille-moi ! » - Colas, parbleu c'eft mon coufin,

Reprit le Grenadier , car fa mere eft ma tante ;

    « Ce garçon-là n'eft pas malin ,

» Mais il a malgré ça quelque chofe qui tente ;

    » C'eft deux cents bons écus de rente :

» Si je les avois , je.... Mais puifque je n'ai rien ,

    « Epoufe-le , tu feras bien.

» J'exige feulement, - Quoi? - Tu fais bien, ma chere ,

» Que je dois te quitter dans vingt jours au plus tard,

    » Avant le temps fixé pour mon départ ,

    » La noce , dis-tu , peut fe faire.

» En ce cas je prétends à ton bénêt d'époux ,

» De fes droits conjugaux interdire l'ufage :

» Si donc il t'invitoit à des ébats trop doux ,

» Dès la premiere nuit brusque le personnage ,

 » Dusses-tu le mettre en courroux.

» Quand je serai parti , je lui donne carriere ;

 » Mais jusques-là , Madame la Meûniere ,

» De Monsieur le Meûnier je serois trop jaloux.

  -- » Comment ? tu veux que , sans défense ,

» Dès la premiere nuit , seulette entre deux draps ,

» Avec un homme... Allons, tu te moques, je pense.

» Qui pourroit se tirer d'un pareil embarras ?

  » J'aurois beau faire la mutine ,

  » Beau me fâcher , beau le gronder ,

  » Colas croiroit que je badine ;

» Il seroit le plus fort , il faudroit bien céder.

-- » D'accord, mais si je peux par un bon stratagême

  » Lui fermer ce qu'il croit ouvert....

  --- « Pour te prouver combien je t'aime ,

» Je consens volontiers à le prendre sans vert.

--- » Eh bien ! avertis-moi la veille de la noce ,

  » Et nous agirons de concert ,

» Afin que , comme un sot , il donne dans la bosse ».

 A point nommé la Rose est averti :

Imaginez un peu ce qu'il fit à Thérese ;

(Vous avez vu qu'à tout la belle a consenti

(11)

Pour empêcher que Colas ne la baise).
Il colle artiſtement ſur un certain endroit,
Que point ne veux nommer, que pourtant on devine,
Une peau de mouton douce, fraîche & très-fine.
Le pli le plus léger, il l'efface du doigt,
　　Et par-tout, ainſi qu'on le croit,
Appliquant une main experte & libertine,
　　Il fait ſi bien qu'on n'apperçoit
Ni le creux du vallon, ni le duvet qui croît
　　Sur le penchant de la colline.
Ceci peut ſembler fort, mais un amant adroit
Exécute aiſément tout ce qu'il imagine,
　　Mieux encor qu'on ne le conçoit.
Et puis　ami Lecteur, un peu de complaiſance ;
　　Prêtez-vous à l'illuſion,
Et vous croirez qu'après cette opération,
Thérèſe n'en eut plus.... du moins en apparence.
Au fait. Le lendemain elle épouſe Colas :
En ſortant de l'Egliſe on vint faire bombance,
On but du petit vin, on ſervit de grands plats ;
Mais parlons du ſouper, lequel ſuivit la danſe :
Le ſouper d'une noce eſt le meilleur repas.

　Le marié, droit comme un échalas,

A 6

D'aller fe mettre au lit brûloit d'impatience.

La Rofe riant aux éclats,

Par des couplets gaillards égayoit l'affiftance,

S'approchoit de Colas, & lui difoit tout bas :

« Coufin, tu m'as bien l'air d'un croqueur de pucelles.

» Gageons que cette nuit tu ne dormiras pas :

» La mariée eft des plus belles ;

» Demain, les yeux battus & les membres bien las,

» Tu nous en diras des nouvelles ».

Tout en parlant de bagatelles,

On entendit fonner minuit :

Lors au lit nuptial chaque époux fut conduit,

Et l'on éteignit les chandelles :

On fait déjà tout ce qui fe paffa.

Colas, dont on fe peint aifément la furprife,

Pour fêter fa commere en vain fe trémouffa,

Tentant dix fois l'affaut, & dix fois lâchant prife,

D'un jeu fi déplaifant enfin il fe laffa,

Et fut toute la nuit dans une horrible crife.

Au point du jour, mon Jocriffe à grands pas

Va chez le Grenadier en pouffant des hélas !

» Si vous faviez, coufin la Rofe,

» Ma femme elle n'a pas de... --- Quoi ?

-- » De.. la... de... -- Quoi donc -- aidez-moi !

-- » Eh bien ! elle n'a pas... -- Elle n'a pas de chofe.

--- » Ah ! parbleu , n'eſt-ce que cela ?

» On peut remédier à cet accident-là ;

» Et je ne fais pourquoi tu t'inquietes :

» Beaucoup de femmes n'en ont pas ;

» Mais je leur en fais , moi ». --- Comment, vous

leur en faites !

--- « J'en fis un l'an dernier à celle de Lucas ,

» Tu pourrois même aller la trouver de ce pas ;

» Et par des queſtions fecretes...

» En obfervant fur-tout de lui parler bien bas ,

» Peut-être avoueroit-elle... -- Ah ! que je ferois aife

» Si vous pouviez ce foir en faire un à Thérefe !

. --- » Ce foir , le terme eſt un peu court ;

» Mais apporte au logis avant la fin du jour

» Douze livres de crin, douze francs pour ma peine ;

» Pars demain, vas paſſer huit jours chez ta marreine.

» Imagine quelque détour

» Afin de lui cacher le fujet qui t'amene :

» Dis-lui que par malheur tu deviens un peu fourd,

» Et qu'on t'a confeillé de voyager en plaine.

» Sur le chofe de ta chrétienne

» Sois plus muet que la bouche d'un four,
» Entends-tu bien, Colas ? -- Oh ! qu'à cela ne tienne,
--- » C'est aujourd'hui Lundi , je fixe ton retour
» Au Mardi de l'autre semaine :
» Ce jour-là tu pourras sans gêne
» Faire un petit Colas. -- Ah ! Thérese, ah ! mamour,
» Mardi j'en aurai donc l'étrenne ».
-- « Adieu , cousin. -- Bon soir ». -- Une heure après
Le crin est envoyé , les douze francs sont prêts ;
Et comme une franche pécore ,
Colas le lendemain partit avant l'aurore.
Vous jugez bien que notre amant
Sut mettre à profit son absence.
A Thérese il fit un enfant ,
Puis il vendit le crin pour en avoir l'argent ;
Et riant du cousin docile à la défense ,
Il regagna son Régiment.
Colas , au bout de la huitaine ,
Croyant avec raison l'ouverture certaine ,
Revient trouver sa femme en faisant les yeux doux :
Couchons-nous , lui dit-il , ma reine :
Thérese au lit suit son époux ,
Là , sans compliment il l'engaîne.

Le jeu fini, Colas viſita ſon domaine ;
Et lorſqu'en tous les coins il eut paſſé la main,
   « Ouais ! s'écria-t-il, couſin,
» Par ma foi, je vous garde une bonne ſemonce,
» Vous m'avez demandé douze livres de crin,
   » Et je n'en trouve pas une once ».

LA CROYANCE FONDÉE.

Un jour que Madame dormoit,
Monſieur fêtoit ſa Chambriere ;
Celle-ci qui la danſe aimoit,
Remuoit fort bien la charniere :
Or la Coquine, toute fiere,
Lui dit, Monſieur, ſur votre foi.
Qui le fait mieux, Madame ou moi ?
--- C'eſt toi, Barbe, ſans contredit.
Saint Jean ! dit-elle, je le croi ;
Car tout le monde me le dit.

LA DÉCLARATION

MILITAIRE,

A MADAME * * *.

PUISQUE vous m'avez dit souvent
Que vous n'aimez pas la morale ;
On m'a fait un conte plaisant.
Il faut que je vous en régale :
Un Mousquetaire soupiroit
Pour Fatime beauté sévere :
Quel est celui qui me diroit
Comment soupire un Mousquetaire !
Depuis si long temps un bruit court
Que dans le délai le plus court,
Ces Messieurs font toujours l'affaire !
Le pourquoi n'est plus un myftere ;
Mars qui s'entend avec l'amour
Est exempt du préliminaire :
Mon Héros qu'on nommoit Valcour,
Et qui certe auroit eu vergogne

D'en

D'en être à son troisieme jour ;
Sans finir la douce besogne,
Pour la finir, n'épargna rien ;
Si qu'à son deuxieme entretien,
Bien résolu de passer outre,
Il s'écria, je voudrois bien,
Madame , vous... Quoi donc ? Vous f... ?
F * * * est un mot très-indécent ;
Fatime se mit en colere ,
Et dit : Monsieur le Militaire ,
Vous êtes un impertinent.
— Un impertinent soit , ma chere ;
J'en agis toujours rondement ,
Et ne réponds au compliment
Que par trois mots : laissez-moi faire.
Entre ses bras il vous la prend ,
On devine que la Commere
Se débat , ou bien fait semblant :
Plus elle feint , plus il la serre ,
Bref il la pousse vivement ,
Elle tout en se débattant ,
De tomber dans une bergere ;
Lui d'avoir en moins d'un instant ;

B

Fait quatre ou cinq tours à Cythere.
Mademoiselle en se pâmant ,
De lui demander doucement
S'il peut encor en faire autant ,
Et Monsieur toujours plus galant
De ne pas rester en arriere.
Mon Lecteur qui sait que souvent
Le plus vigoureux assaillant ,
Après trois exploits tombe à terre ,
Ne doit pas trouver surprenant
Qu'ayant fait six fois la carriere ,
Sans prendre haleine seulement ,
Mon coquin , d'un air triomphant ,
Enflé de sa valeur guerriere ,
Dit à Fatime en la quittant :
Pour f. . . . vive un Mousquetaire ;
Ni que Fatime souriant ,
Prenne le parti de se taire ;
Car un Auteur qui n'est pas sot ,
Sur f. . . a donné cette glose:
Les Dames pardonnent le mot
A celui qui fait bien la chose.

LA RÉPONSE SENSÉE,

CONTE.

Ces jours paſſés une Catin
Dit à Pattu le Médecin,
Je vous paîrai, coûte que coûte,
Tirez-moi d'un grand embarras,
Monſieur, vous avez vu des *cas* :
Les cas ſont-ils barbus ? — Sans doute,
— Pourquoi le mien ne l'eſt-il pas ?
En voici la raiſon, écoute,
Lui répond gravement Pattu ;
Ne ſais-tu pas un vieux Proverbe
Qui dit qu'en un ſentier battu,
On ne vit jamais pouſſer d'herbe ?

LA PLAINTE INJUSTE.

A LA campagne, un jour qu'il faisoit beau,
Gilet fut voir Madame du Martelles ;
Bien fut reçu dans l'antique Château,
Pour le traiter, on mit tout par écuelles ;
Mais il se plaint que la ronde femelle
L'ait fait coucher auprès d'un grand Valet,
Or de la Dame à tort se plaint Gilet ;
Mieux n'eût choisi, si c'eut été pour elle.

BADINAGE IN-PROMPTU,

En voyant la Statue de la Pucelle d'Orléans
dans la place publique de cette Ville.

P ASSANTS, respectez celle
Que vous voyez céans,
C'est la seule pucelle
Qui soit dans Orléans.

LA BELLE ACCOMMODANTE.

Cleon, pouſſé d'humeur folâtre
Regardoit à ſon aiſe un jour
Les jambes plus blanches qu'albâtre
De Liſe objet de ſon amour ;
Tantôt il s'attache à la gauche,
Tantôt la droite le débauche ;
Je ne ſais plus, dit-il, laquelle regarder,
Une égale beauté fait un combat entr'elles,
Ah ! dit Liſe, ami, ſans tarder,
Mettez-vous entre deux, pour finir leurs querelles,

IN-PROMPTU.

Vous me priez toujours de vous faire des vers,
Je vous l'ai dit vingt fois, Madame, en bonne proſe :
Je les ferois tout de travers ;
J'aime mieux vous faire autre choſe.

B 3

COUPLET.

Air : *La faridondaine, la faridondon.*

Pendant six mois notre voisin ,
Crut sa femme hydropique ;
  Mais en criant un beau matin ,
'Aye ! aye ! J'ai la colique ,
  Elle accoucha d'un gros garçon ,
La faridondaine , la faridondon ,
  Qui ressemble au pauvre mari ,
      Biribi
'A la façon de Barbari
      Mon ami.

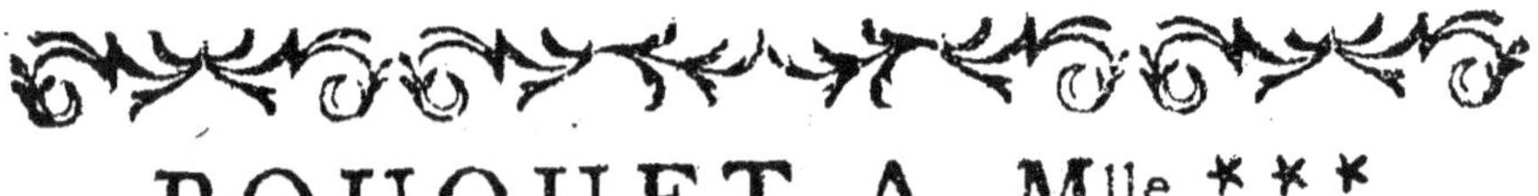

BOUQUET A Mlle ***.

En ce jour que je dois fêter ,
Je vous présente ma personne ;
C'est le bouquet que je vous donne ,
Mais voudrez-vous bien le porter ?

LA RAGE D'AMOUR,
CONTE.

A Cupidon, la jeune & belle Amynthe,
Malgré l'hymen, facrifioit toujours,
Son pauvre époux toujours étoit en crainte ;
Qu'elle ne fît de nouvelles amours.
Il ne pouvoit en filler la paupiere,
Veilles, foucis l'eurent tôt emporté ;
Lui mort, Amynthe en pleine liberté,
A fon humeur donna belle carriere,
On en jafa, fon Curé crut devoir
L'en avertir : vous vous perdez, Madame,
Changez de vie, ou c'eft fait de votre ame.
Hélas ! Monfieur, je voudrois le pouvoir,
Lui répondit la trop fringuante veuve ;
Mais plaignez-moi, tel eft mon afcendant,
Que je ne puis avoir l'efprit content,
Si chaque mois, je n'ai pratique neuve.
Cela me vient d'un accident fatal,

B 4

'A quatorze ans d'un chien je fus mordue ;
Chien enragé : pour prévenir le mal ,
L'avis commun fut qu'il me falloit nue ,
Plonger en mer. Nue on me dépouil!a ,
Honteufe alors de me voir fans chemife ,
Incontinent je portai là main là. . . . .
Où vous favez , fans jamais lâcher prife :
On me plongea ; mais qu'eft-il arrivé ?
C'eft que mon corps , ô pudeur trop funefte !
Par-tout ailleurs du mal fut préfervé ,
Hors cet endroit où la rage me refte.

LE PRÉTENDU MALIN.

JEAN rechercheit pour l'hymenée
   Paquette l'émerillonnée ;
Chacun difoit à Jean : Paquette a mauvais bruit ,
   Son honneur eft un grand peut-être ;
   Oh ! dit Jean, la premiere nuit
   Je faurai bien le reconnoître.

LA GAGEURE.

Deux Penaillons voulant prendre un ébat,
Pour égayer l'ennui du Monastere,
Gageoient un jour deux flacons de muscat
A qui plutôt auroit dit son Bréviaire :
Ce n'est du tout agir chrétiennement.
Avant d'entrer en si plaisante lice,
Nos deux Frocards se prêterent serment
De ne sauter un mot du saint Office :
Le serment fait, les voilà donc en train
De marmoter ; quand l'un gagnant la fin,
Dit : Je n'ai plus qu'un bout de patenôtre,
Ah ! malheureux, tu m'as fourbé vraiment,
Car je ne suis qu'au milieu, répond l'autre,
Et j'ai passé tout le commencement.

L'ÉPOUX RASSURÉ.

Un jeune Amant près sa Dame soupoit,
Le nerf tendu bien mieux que l'appétit ;
Advint que comme elle du pain coupoit
Dessus lui chut son coutelet petit,
Lequel cherchant sur lui, elle sentit
Un braquemart de plus rude allumelle,
Dont si soudain tira son bras à elle,
Que le mari lui prenant la main blanche,
Lui dit : ma mîe, il pique fort & tranche,
Saignez-vous point ? N'ayez peur, dit la belle,
Non, mon amî, je l'ai pris par le manche.

LE PAIEMENT D'AVANCE.

Dans Paris plus d'un Bourgeois,
N'ayant maîtresse ni femme,
Pour un écu tous les mois
S'en va raffraîchir sa flamme,

Témoin Monsieur Rogaton,
Qui fait où le bât le bleffe,
Et de temps en temps, dit-on,
Cede à l'humaine foibleffe.
L'autre jour une drôleffe
L'apperçut de fon balcon,
Et la voilà qui l'invite
Par un ft, ft redoublé,
Mon homme de monter vîte
Si-tôt qu'il eft appellé,
Il entre : elle de lui dire,
Mon fils, fois le bien venu ;
C'eft moi qu'on nomme Zelmire :
Ce nom, je crois, eft connu.
Ici l'on trouve à fa guife,
Blancheur, fraîcheur, fermeté,
Ces trois mots font ma devife :
Je fuis en bonne fanté,
Dans mes bras tout Paris tombe,
J'ai la gorge de Duté
Et les feffes de Colombe ;
Viens t'affeoir à mon côté
Et mets-moi vîte à l'épreuve,

Mais auparavant fais preuve
De ta générosité.
— Dis moi, Combien tu demandes ?
— Combien ? Six livres, mon cher,
Et douze si tu marchandes,
C'est un prix fait en hiver.
Mons Rogaton sur la bouche
Un gros baiser lui colla :
Zelmire d'un air farouche,
Il faut mettre six francs là,
Et sois sûr que sans cela
Je ne veux pas qu'on me touche :
Dépêchons ; il se fait tard,
Six francs ou bats en retraite ;
Rogaton les lui départ.
La Commere satisfaite
Ses charmes lors dévoila,
En lui disant : me voilà
Comme le bon Dieu m'a faite,
— Ah ! Ciel ! jé suis infecté.
Ici, que n'ai-je apporté
De l'ambre ou de la civette ?
Cache, cache tes attraits,

Dit l'autre , je gagerois
Que tu n'as pas fait toilette.
Fi ! — Si tu n'es pas content
Tu peux regagner la porte ?
— Eh bien ! rends-moi vîtement
Mes six francs , & que je sorte,
— Tes six francs : oh ! doucement ;
Je ne fais point de corvée :
On ne rend jamais l'argent
Lorsque la toile est levée.

IN-PROMPTU

*Chanté dans la maison de M. le Marquis
de L***, à V***, le jour qu'on y pendit
la Crémaillere.*

Sur l'Air : *La bonne aventure , ô gué.*

COMME de vrais sans souci,
Donnons-nous carriere ,
Près des Dames que voici,
    Liberté pléniere,

Sur-tout point d'Amant tranſi ;
Car rien ne doit pendre ici
Que la Crémaillere , ô gué ,
Que la Crémaillere.

LA CALOMNIE FOUDROYÉE.

Ou i , vous feriez en vain le délicat ,
Monſieur l'Abbé , je ne ſerois pas dupe ;
Avouez , croyez-moi , que vous aimez la jupe ,
Et ſur ce point n'ayons plus d'altercat :
— Mais , Madame , jetez les yeux ſur mon rabat…
— Toutes vos raiſons ſont frivoles…
— Vous êtes incrédule & voulez un éclat :
Eh bien ! retenez ces paroles :
Du cotillon je fais ſi peu d'état ,
Que je donnerois cent piſtoles
Pour que perſonne n'en portât,

LE TERME IMPROPRE.

Nᵢᴄᴏʟᴀs, Meûnier d'Anfere,
Sur la pente d'un côteau,
Surprit un .jour la Meûniere,
In flagranti delicto,
Avec Jacques son compere;
Va, lui dit-il en colere,
Notre Curé saura tout;
Tu ne feras pas tes Pâques,
Mac. . . . --hom ! reprit Jacques,
N'eſt pas Mac. . . . qui f. . . . .

LA FENTE,

CONTE.

Oʀᴀɴᴛᴇ avoit fait emplette
D'un quarteau de vieux Rota :
Sa chambriere Paquette,
Un beau matin le goûta,

Et le trouva bon sans doute.

Elle y revint : Jean l'aida,

Verre à verre, goutte à goutte

La feuillette se vuida.

Au bout d'une quarantaine

Il advint que le Patron,

Qui croit sa feuillette pleine,

Va pour en prendre l'étrenne,

L'eut-il ? Vous savez que non.

Abusé dans son attente,

D'abord il est stupéfait,

Puis songeant que le vin tente,

Et se doutant du méfait

Il appelle sa servante

Et lui dit ce qu'elle sait.

Pourtant elle s'émerveille :

Jamais, jamais on n'a vu

Une aventure pareille.

Certe, qui l'auroit prévu ?

Répondit-elle à son maître ,

D'où peut provenir cela ?

Quelque fente aura peut-être

Causé cet accident-là ,

Nous

Nous pourrons le reconnoître,
Elle va prendre un flambeau,
L'allume, vient, fait sa ronde,
Rien ne manquoit au tonneau :
Morgué le tour est nouveau.
Voyons par-dessous, dit-elle ;
Au même instant la donzelle,
En se baissant, met au jour
Ce qui plaît dans une belle,
Morceau digne de l'amour,
Et pour parler sans détour,
Le parois de sa Chapelle
Que couvroit un jupon court :
C'est assez, lui dit Orante,
En lorgnant le défilé,
Viens que je bouche la fente
Par où mon vin a coulé.

LE REPENTIR SINCERE.

Avec la brune & la blonde,
Un Prieur Bénédictin
Prit tant, débats qu'un matin
Il gagna le mal immonde :
Voyant son chose maigri,
L'horreur du crime le frappe ;
Fin, dit-il, qui m'y ratrappe
Avant que je fois guéri.

L'ARMURE DE VÉNUS.

Vénus manioit près de Mars
Son casque, son glaive, ses dards :
Armes de défense & d'attaque ;
Mais le Dieu lui cria soudain :
Belle, j'en ai sous ma casaque
De plus propres pour votre main.

A MA MAITRESSE,

*Qui, la veille en dînant chez moi, avoit
paru desirer un serin que j'avois.*

Reçois la cage & le serin charmant
Dont tu louois hier l'agréable ramage :
Il en reste encore un à ton fidele amant ;
Mais c'est à toi de lui donner la cage.

C 2

Les Désolations & les Consolations.

VAUDEVILLE.

Cloris avec un gros Seigneur,
L'hiver dernier, perdit sa fleur,
  C'est ce qui la désole ;
Mais alors elle n'avoit rien,
Et maintenant elle a du bien,
  C'est ce qui la console.

Lise avoit Lindor pour amant,
Sa mere la met au Couvent,
  C'est ce qui la désole :
Un Directeur qui vaut de l'or,
Près d'elle remplace Lindor,
  C'est ce qui la console.

Lisimon est bien convaincu
Que son voisin le fait cocu,
  C'est ce qui le désole :
En secret le drille malin
Rend la pareille à son voisin,
  C'est ce qui le console.

ÉLÉGIE.

AU diable soit la donzelle
Qui, me prenant par la main ,
Me fit rebrousser chemin ,
Et me conduisit chez elle !
Sot que je fus ce jour-là !
En arrivant dans sa chambre ,
Sur un lit parfumé d'ambre
Ses charmes elle étala.
Las ! j'en perdis la parole.
Que faire ? j'étois vaincu :
Jean Chouart joua son rôle ,
Barbe gagna son écu ,
Moi, je gagnai la v....

ÉPIGRAMME.

L'EPOUSÉ la premiere nuit
Rassuroit sa femme farouche.
Mordez-moi, dit-il, s'il vous cuit,
Voilà mon doigt en votre bouche :
Elle y consent, il s'escarmouche ;
Et quand il l'eut bien déhousée,
Or ça, dit-il, tendre Rouzée,
Vous ai-je fait du mal ainsi ?
A donc, répondit l'épousée,
Je ne vous ai pas mors aussi.

LE TRIOMPHE DE LA MAROTTE,
OU
L'ESPRIT DE MES CONFRERES
CHANSON

Sur l'air : *O reguingué , ô lon lan la.*

Entre les différents états
Qui font vivre l'homme ici-bas ,
On ne démêle qu'altercats ,
Peines d'efprit , vains embarras :
Chez le Héros , chez le Pagnote ,
Tout n'eft que fottife & marotte.

La débauche plaît au Rentier ,
Le faux point d'honneur au Guerrier ;
L'opulence entiche un Caiffier ,
L'amour-propre le monde entier ;
Petits-Maîtres , Gens de maltote ,
Chacun a fon bien de marotte.

Mais laiffant au joug de leurs fers
Tant de perfonnages divers ,

C 4

L'Eglife fournit à mes vers
De quoi blafonner fes travers ;
Le plus mince porte-calotte
Donne prife à quelque marotte,

Le Pape avec les Cardinaux ,
Vénérables Grippeminauds ,
Pafteurs quelque peu larroneaux ;
Font voir en tondant leurs troupeaux ;
Malgré les ftatuts de la rote ,
L'appât du lucre pour marotte.

Un Evêque dûment renté ,
Plein d'embonpoint & de fanté ,
Au féjour de la volupté ,
Dans une fainte oifiveté ,
Sur le duvet qui le dorlotte
Laiffe appercevoir fa marotte.

J'aime un Chanoine fortuné
Qui , dans fon fauteuil cantonné ,
Prémédite après déjeûner
L'affortiment de fon dîner ,
Et qui baptife d'oftrogotte
La loi contraire à fa marotte,

Abbés charmants , petits collets,
Pour qui la mître a tant d'attraits,
Auſſi ſouples que des valets,
En rodant autour des Palais ,
J'opine ce qui vous balotte ,
Les grandeurs font votre marotte,

La gouvernante d'un Curé,
Sous un parentage ignoré,
Prend en vain le ton maniéré.
Je dis au bon Prêtre leurré :
L'amour entre vous & Javotte
N'a-t-il point mis quelque marotte ?

Les Moines , par plus d'un endroit,
Méritent qu'on leur faſſe droit ;
D'abord viennent ceux de Benoît,
Gens abſolus , vrais piſſe-froid ;
Craignez cette race dévote ,
L'intolérance eſt leur marotte.

Un Bernardin au lanſquenet
Fouette la carte en preſtolet,
Hauſſe le temps, & d'un buffet
Range les cryſtaux au parfait ,

Fredonne quelqu'air de gavotte :
Telle eft au jufte fa marotte.

Le Céleftin entre deux draps
Couloit des jours fans embarras ;
Du Latin qu'il n'entendoit pas,
Laiffant l'ufage aux Savantas,
Il trouvoit dans une marmotte
Le fymbole de fa marotte.

Un gros Carme à triple menton,
Prélude fort bien fur le ton
Propre à l'amoureufe chanfon ;
Mais au lutrin c'eft un oifon :
Il prouve, en écorchant la note,
Qu'un autre accord fait fa marotte.

Voulez-vous au fond d'un cellier
Goûter de ce jus fingulier
Qui repofe fur le chantier ?
Prenez pour guide un Cordelier ;
Bientôt en fifflant la linotte,
Il démafquera fa marotte,

Le Capucin peu délicat ,
Né pour choquer notre odorat ,
Tantôt zélé , tantôt pied-plat ,
Emprunte la griffe du chat ,
Et , des bribes qu'il escamote ,
Dresse un trophée à sa marotte.

Prêcheurs , soccolans , Augustins ,
Petits & grands Observantins ,
Famille d'Archi-patelins ,
Vrais escrocs , adroits carabins ,
Orgueilleux au sein de la crotte ,
L'impudence est votre marotte.

Hermaphrodites incertains ,
Moitié Moines , moitié mondains ,
Trinitaires , Génovéfains ,
Antonistes , plats aigrefins ,
L'eau de senteur , la papillotte
Manifestent votre marotte.

Chartreux saintement désœuvrés ,
Et vous rebondis Prémontrés ,
Cafards , on le sait , attitrés ,
Au demeurant , baudets jurés ,

Ma Muſe ombrageuſe & capote.
Ne voit goutte à votre marotte.

Diſciples du grand Loyola ,
Après vous il faut dire , hola !
Quiconque franchit ce point-là ,
Ne craint Charybde ni Scylla.
Paſcal , Auteur de haute note ,
A ſu frapper votre marotte.

Fine fleur d'un ſexe ruſé ,
Tour-à-tour chéri , mépriſé ,
Tendres Nonains , ſi j'ai gloſé
Sur le raz & ſur le friſé ,
Vous méritez bien qu'on vous cotte
Dans les faſtes de la marotte.

Héritieres du vain caquet
De cet éloquent perroquet ,
N'aguere chanté par Greſſet ,
Je vais prononcer votre arrêt :
Le babil & l'humeur bigotte
Sont votre éternelle marotte.

Indigne de former des nœuds,
La coquette attife nos feux,
La prude évite leurs aveux,
La volage refte entre deux ;
Tandis que la froide vieillotte
Regrette en fecret leur marotte

Prédicateur hors de faifon,
Quel fruit produira mon fermon ?
Du vent, rien plus. Jamais chanfon
Ne fit un Saint d'un Pantalon.
Dans la lifte que je fagotte,
Moi-même j'ai double marotte.

LES CINQ POINTS

*A MADEMOISELLE DE * * *.*

Fleur de quinze ans, si Dieu vous sauve & gard,
J'ai en amours trouvé cinq points exprès.
Premiérement, s'offre à vous le regard,
Puis le parler, puis le baiser après :
L'attouchement le baiser suit de près,
Et tous ceux-là tendent au dernier point ;
Lequel est — Quoi ? --- Je ne le dirai point ;
Mais s'il vous plaît en ma chambre vous rendre,
Je me mettrai volontiers en pourpoint,
Voire tout nud, pour vous le faire apprendre.

L'UN POUR L'AUTRE,
CONTE.

Pret de s'unir à sa discrette amie,
Le bon Damis, chez elle, un beau matin,
Sur un sopha la trouvant endormie,
Osa risquer un geste libertin ;
Mais par malheur s'éveille la Donzelle,
Et ses beaux yeux encore appesantis,
Mon cher Louis, ah ! tu vaux trop, dit-elle,
(Louis étoit un valet du logis,)
Toute la nuit, tu m'as prouvé ton zele,
Le jour au moins, repose-toi, Louis.

LA PRÉSENCE D'ESPRIT.

Martin menoit son cochon au marché,
Avec Suzon, qui dans la plaine grande,
Pria Martin de faire le péché
De l'un sur l'autre, & Martin lui demande ;
Mais, qui tiendroit notre cochon, friande ?
Qui ? dit Suzon, bon remede il y a :
Lors le cochon à sa jambe lia,
Puis Martin grimpe, & lourdement engaîne,
Le porc eut peur, & Suzon s'écria :
Serre, Martin, notre cochon m'entraîne.

LA
DÉFENSE BIEN OBSERVÉE.

Quoi ! maman me laiſſe ſeulette ,
Pour moi j'en ſuis preſqu'en courroux ,
Il ſemble qu'exprès avec vous ,
Je voulois reſter tête-à-tête ;
Mais non , Monſieur, n'en croyez rien ;
Vraiment je vous le défends bien.

Pour favoriſer le myſtere ,
Ma porte eſt fermée aux verroux ;
Ici ſans crainte des jaloux ,
On pourroit jouir & ſe taire ;
Mais non , Monſieur, n'en faites rien ;
Vraiment je vous le défends bien.

Prêt à rire de ma colere ,
Peut-être que mon négligé ,
Mon mouchoir un peu dérangé ,
Vont vous rendre trop téméraire ;
Mais non , Monſieur, qu'il n'en ſoit rien ;
Vraiment je vous le défends bien.

D

Dans vos yeux je lis votre audace,
Vos regards dévorent mon sein ;
Vous allez y porter la main,
Votre bouche en prendra la place ;
Mais non, Monsieur, n'en faites rien ;
Vraiment je vous le défends bien.

Mais que vois-je ? ma jarretiere
Se défait & tombe à mes pieds,
Souffrir que vous la rattachiez !
Oh ! pour cela je suis trop fiere !
Non, non, Monsieur, n'en faites rien ;
Vraiment je vous le défends bien.

Comprenant enfin la défense,
Par degré Damon s'enhardit,
A la belle il désobéit,
Pour prouver son obéissance.
Jusques au bout il fit si bien,
Qu'on ne lui défendit plus rien;

LE DÉGEL.

UN jour d'hiver Robin tout éperdu,
Vint à Catin préfenter fa requête,
Pour dégeler fon chofe morfondu,
Qui ne pouvoit quafi lever la tête :
Incontinent Catin fut toute prête,
Robin auffi prend courage & s'accroche,
On fe remue, on fe joue, on fe hoche,
Puis quand ce vint au naturel devoir,
Ah ! dit Catin, le grand dégel approche;
Oui, répond-il, je fens qu'il va pleuvoir,

D 4

HISTOIRE

VÉRITABLE ET REMARQUABLE

D'UN ABBÉ

QUI avoit donné un rendez-vous à une femme mariée ; le mari instruit de ce rendez-vous, mit à sa chaste épouse une ceinture fort usitée en Italie.

Air : *Tarare, pon, pon,*

C'EST approchant comm' ça ;
Vers Novembre ou Décembre,
Que Flore me donna,
Un rendez-vous pour ça :
En entrant dans sa chambre,
Flore dit, ah ! pour ça,
Ah ! l'Abbé, sent-on l'ambre
Comme ça ?

La Dulac (1) est comm' ça ;
Replique
L'Abbé R'lique ;
Mais son ambre a cela
De me rendre comm' ça :
Abbé , dit-elle , unique ,
L'on ne voit sonica ,
Qu'un Eccléfiastique
Comm' ça.

Je ne suis pas comm' ça ,
Si prefte !
Malepefte ?
Mon mari jaloux m'a
Mise en cage comm'ça ;
La ceinture funefte
Que vous me voyez là ,
Vous interdit un gefte
Comm'ça.

Je n'ai rien vu comm'ca ;
Le traître ,

____

(1) Marchande renommée pour les Odeurs &
les Parfums.

Dit le Prêtre,
Ce chien de mari-là !
Gêner un cœur comm'ça !
Sans que j'en fois le maître,
Cette vue a déjà
Fait que je ceſſe d'être
  Comm'ça.

 Une hiſtoire comm'ça,
  Dit la Belle,
  Eſt nouvelle ;
Quel tour plaiſant c'eſt là !
L'Abbé, j'en ris comm'ça,
L'Abbé riant comme elle,
Fait ſes adieux, s'en va,
Laiſſant la Demoiſelle
  Comm'ça.

L'EXPÉDIENT
FACILE.

Martin étoit dedans un bois taillis
Avec Alix, qui de tendre maniere,
Lui dit : Martin, le long de ces palis,
Ta mie Alix d'amour te fait priere ;
Mais, dit Martin, si quelqu'un par derriere
Nous surprenoit, ce seroit grand vergogne :
Bon, bon ! du cul vous ferez signe arriere ;
Passez chemin, laissez faire besogne.

ON FAIT CE QU'ON PEUT.

Blaise dont jadis le crédit
Voloit de Paris jusqu'au Gange,
Eſt plus déchu que l'on ne dit,
Il s'endette du pain qu'il mange ;
Et Catin, pour gagner de quoi
Mettre une chemiſe ſur ſoi,
Lui met des cornes ſur la tête :
Voyez quelle diverſité,
Pour chaſſer la néceſſité.
Blaiſe emprunte, & ſa femme prête.

LE QUIPROQUO,

O U

COLIN - MALLARD.

Un jour deux Capucins, l'un Pere & l'autre Frere,
En regagnant Paris, paſſoient par Bagnolet ;
Les filles, ce jour-là, pour fêter Sainte Claire,
S'égayoient & danſoient au ſon du flageolet.

Mes compagnes, s'écria Roſe,
D'un excellent projet je veux vous faire part :
Voilà Frere François, avec Pere Bernard ;
Qu'on les faſſe approcher, & puis qu'on leur propoſe
De jouer à Colin-Maillard ;
Je gage mon ſabot qu'ils acceptent la choſe.
Roſe ſavoit de bonne part
Que jamais Capucins ne craignirent la gloſe.
On les appella donc, & le couple gaillard
Eut bientôt mis beſace & bâton à l'écart ;
Ils tirerent au ſort, à ce que dit l'hiſtoire ,

L'un étoit jeune, l'autre vieux,
   Et grace à la bonté notoire
De l'être prévoyant qui fait tout pour le mieux,
Le fort échut au jeune, on lui banda les yeux :
Vous le voyez d'ici tourner à l'aveuglette,
   Aller à droite, à gauche, à grands, à petits pas,
Les deux jarrets tendus aussi-bien que les bras,
Et le corps en avant comme un Chasseur qui guette,
Il avoit tant tourné qu'enfin il étoit las,
   Quand par bonheur une fillette
   Vint le tirer par sa jacquette ;
   C'étoit Rose, il la jette à bas ;
   Et portant une main légere
   A certain endroit défendu :
   C'est vous, dit-il, Révérend Pere,
   Votre barbe vous a vendu.

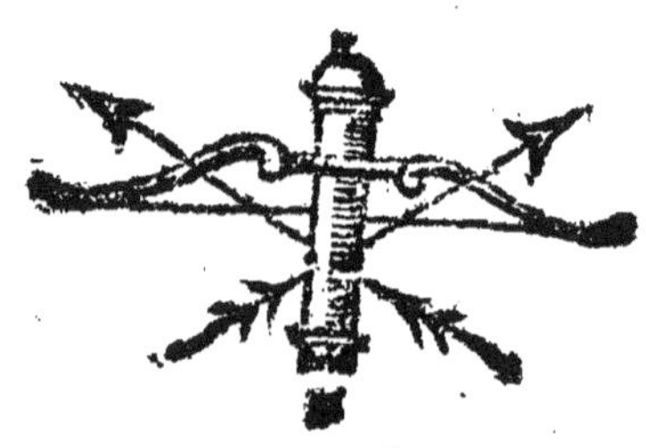

L'INOCULATION,
CONTE.

LA petite vérole est un mal , belle Agnès ,
Dont , passés dix-huit ans , on ne guérit jamais ;
Dit un jeune Esculape, ou du moins, c'est bien rare ;
Vous en avez quatorze , à mes soins fiez-vous ,
   Que d'un poison traître & barbare ,
Je sauve avec vos jours des charmes aussi doux ;
  Souffrez enfin.... que je vous inocule.
   — Oh ! vous me ferez mal.—Très-peu,
   Vous verrez que ce n'est qu'un jeu ;
   Votre frayeur est ridicule.
— A Demain.—Aujourd'hui—Non , non. — Soit , à
      demain.
Le lendemain , Agnès toujours tremble & résiste ;
Notre Inoculateur, comme on le croit , persiste ,
Il fait l'insertion autre part que Tronchin.
   Agnès crie , ensuite se prête
   A ses efforts : l'opération faite ,

Que n'allez-vous, dit-elle, votre train ?
Vous n'auriez qu'à m'avoir manquée !
Il double, il triple, il cesse.—Encor un autre grain ;
Quand j'en devrois être marquée !

LA MUETTE,

CHANSON,

Air : *Je vous préterai mon Manchon,*

Dans un bosquet, près de Lisette,
Colin parloit de ses amours,
La belle faisoit la muette ;
Par signe approuvant son discours,
Que dois-je, dit-il, penser de ce geste,
Si ton cœur ne me dit le reste ?
Mais Mamzelle Louison, répondez donc,
Dites oui ou non,
Comment trouvez-vous ça,
Suis-je bien là ;
Comment trouvez-vous ça ?

Dans son silence elle s'obstine ;
Colin pour la faire jaser,
Sur la bouche de la mutine,

Prend & reprend un doux baiser ;
Je sens, dit-il, qu'il augmente ma flamme,
Mon feu passe-t-il dans ton ame ?
Mais Mamzelle Louison, &c.

Ma foi je n'y puis rien comprendre,
Dit-il, en découvrant son sein,
Quoi ! faut-il pour te faire entendre,
Promener là-dessus ma main ?
Je vois, je sens que mon ame est joyeuse ;
Ah ! tu n'es donc pas chatouilleuse ;
Mais Mamzelle Louison, &c.

Pas un mot, pas une parole,
Ma foi, dit-il, tu parleras,
Je suis pressé, le temps s'envole.
Soudain il la prend dans ses bras,
Puis avec elle il tombe sur l'herbette :
Eh bien ! à qui tient-il Lisette ?
Mais Mamzelle Louison, &c.

Lise d'un œil mourant & tendre,
De Colin imite l'ardeur ;
Et sans songer à se défendre

Souffrit qu'il fût trois fois vainqueur :
Eh bien ! dit-il , fens-tu comme je t'aime,
A préfent m'aimes-tu de même ?
Mais Mamzelle Louifon , &c.

Ah ! fort bien lui répond Lifette,
Laiffant échapper un foupir ,
Le defir me rendoit muette ,
Mais je parle , grace au plaifir ;
Ami, tu peux à préfent fans obftacle
M'interroger.—Ah , quel miracle !
Quoi ! Mamzelle Louifon , vous parlez donc ?
Le tour eft bon ,
Vous parlerez demain
Avec Colin ,
Vous parlerez demain.

L'OBSTACLE,

CONTE.

A quoi bon prodiguer les mots ? !
Tous nos Conteurs , pour l'ordinaire,
S'épuisent en avant-propos ;
N'en faisons point , allons droit à l'affaire.
Un Jouvenceau taillé pour plaire ,
Après avoir bien soupiré ,
Menti, promis & conjuré ,
(C'est des amants le langage vulgaire)
Parvint près de sa belle au moment desiré ;
Il touchoit à son but , quand , par triste aventure,
Sans pouvoir avancer d'un pas ,
Il se démene , il souffle , il sue , il jure ;
On peut , je crois , jurer en pareil cas.
Disons le fait : Dame Nature
Avoit fermé d'amour la gentille serrure ,
Si bien que la clef n'entroit pas.
Certain barreau, mais on m'entend de reste ;

Qu'amour ,

Qu'amour, jeunes beautés, veuille vous préserver
   D'un accident auſſi funeſte !
  Ainſi ſoit-il. Venons à notre Amant:
Le deſir dans ſes ſens, par l'obſtacle s'enflamme ;
Il redouble d'efforts, mais inutilement ;
D'amour & de colere, il enrage en ſon ame :
On peut ſe fourvoyer, quand on marche à tâton,
  Son chalumeau déjà baiſſant d'un ton,
Dans le ſentier voiſin... Arrêtons, & pour cauſe :
   Car ce ſentier..., ma foi, je n'oſe
Vous le nommer ; mais je peux, ſans qu'on gloſe,
Dire que ſa Vénus ne fut plus qu'un giton.
A ce nouvel aſſaut n'étant point préparée,
   En vain la belle *imperforée*
Lui crie : arrêtez donc, quel eſt votre deſſein ?
   Rien de plus ſimple que la choſe,
Répond le gars : chez vous je trouve porte cloſe ,
  J'écris mon nom chez le voiſin.

E

LE TRIBUT CONJUGAL.

LA Marquise de Montuza
Etant presque sexagénaire,
Aimoit un jeune Mousquetaire
Qui, pour ses écus, l'épousa ;
La premiere nuit le compere
Lui dit, en lui serrant la main :
Madame, en vertu de l'himen
Ne puis-je pas sans vous déplaire... ?
Vous m'entendez... Oui, mon poulet,
Fais tout ce que tu voudras faire,...
Le Mousquetaire fit un pet.

LE CONSEIL INUTILE.

Madame, il se répand un bruit qui vous outrage :
Monsieur le Président, dit-on,
Sans respecter les nœuds du mariage,
Tous les jours en secret fait un petit giton
Du Chevalier qui de votre maison
Occupe le troisieme étage.
Chassez donc, croyez-moi, ce vilain personnage ;
Pour fermer la bouche aux railleurs,
Et sur-tout pour votre avantage :
Votre époux ne doit pas aller répandre ailleurs
Un bien qui n'est qu'à votre usage.
— C'est bien dit : cependant si vous le trouvez bon,
Madame, vos conseils n'auront pas mon suffrage ;
Vous ne connoissez pas le Chevalier Cléon :
Ce bon ami, cet honnête garçon
Ne veut rien avoir à personne ;
Il n'est pas tel qu'il vous paroît,
Et me rend avec intérêt
Ce que le Président lui donne.

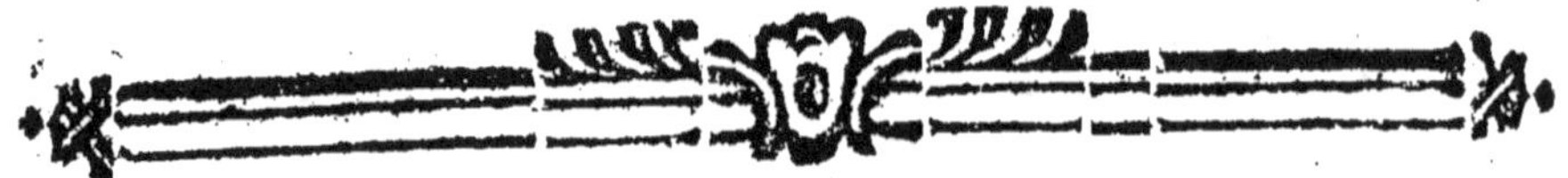

LA CONFIDENCE.

BABET vous avez du chagrin :
— Oui vraiment je suis défolée ;
— Et de quoi ? — de ce que Martin
Cet hiver-ci m'a violée.
— Ciel...! contez-moi vîte cela.
— Ah ! Monfieur, c'étoit un Dimanche
J'avois mis, ce Dimanche-là,
Une jupe de Perfe b'anche,
Martin me vît & m'appella.
Le traître étoit dans une grange,
J'y fus fans trop favoir pour quoi :
Babet, me dit-il, fur ma foi,
Vous êtes belle comme un Ange!
Lors, il me mena dans un coin,
Et là près d'un grand tas de foin,
De beaux complimens il me berce;
Je riois : il me faute au cou,
Me fait tomber à la renverfe ;

Et puis prenant je ne sais où
Un ... un chose roide comme un clou;
Leve, me dit-il, ou je perce :
Je levai ma jupe de Perse,
De crainte qu'il n'y fît un trou.

LE CHAPELAIN,

CHANSON

Sur l'Air : *Ne vlà-t-il pas que j'aime.*

IL me falloit faire une fin
 Comme tout bon Apôtre,
Je suis devenu Chapelain,
 Ce poste en vaut un autre.

Iris m'offroit à desservir
 Sa gentille Chapelle ;
Je n'ai jamais su qu'obéir
 Aux ordres d'une belle.

Elle est au fond d'un bois couvert,
 Gardé par le mystere ;
Son sanctuaire n'est ouvert
 Qu'à mon seul ministere.

Un double autel de marbre blanc
   Eſt de ſa dépendance,
Mais ce bénéfice important,
   Oblige à réſidence.

Sans Vicaire , de jour, de nuit ,
   Suivant les anciens rites ,
Je fais l'office à petit bruit
   Avec deux Acolythes.

Quoi qu'en puiſſent dire les gens,
   Même aux Fêtes de Vierge,
Dans ma Chapelle , en tous les temps,
   Je n'allume qu'un cierge.

Gros Prieurs & brillants Prélats
   Tout engraiſſés d'offrande ,
Non, non , je ne troquerois pas
   Avec vous de Prébende.

LE MARCHAND DE LOTO,

ÉTRENNES

AUX DAMES.

A mon loto, foir & matin,
Sous vos doigts un brillant deftin
Portera des boules heureufes ;
Ce que j'affure, je le fais :
Si vous en êtes curieufes,
Mefdames, faites - en l'effai
A mon loto.

Un peu de fecours fait grand bien ;
Tant foit peu d'art ne nuit à rien,
Il faut quelquefois s'en permettre ;
C'eft mon avis ; on ne fauroit
Le dédaigner & fe promettre
Tout l'avantage qu'on auroit
A mon loto,

Jamais une joueuse habile
Ne tint son sachet immobile ,
Il faut l'agiter prestement ;
Il faut que mollement pressée
Entre ses doigts légérement
La boule ait été caressée
    A mon loto.

Selon son goût ou son talent ,
On a le tirer prompt ou lent :
Il n'y faut aucune science ,
Ou s'il en faut , il en faut peu ;
Un quart-d'heure d'expérience
Suffit pour bien jouer le jeu ,
    A mon loto.

De celles qu'un ambe contente ,
Il se plaît à tromper l'attente ,
Fi de l'ambe ! il est trop commun ;
D'un terne la chance est mesquine ;
D'un terne ? Oui , de deux jours l'un ,
Je puis vous répondre d'un quine
    A mon loto.

Au quaterne, par accident,
S'il se réduit en attendant,
La perte est bientôt réparée.
Le jour qui fuit ce jour fatal,
On peut compter sur la rentrée
De l'intérêt du capital
A mon loto.

Mais de la superbe machine,
Le pouvoir merveilleux décline
De jour en jour ; c'est son défaut.
Je vous en préviens, blonde, ou brune ;
Vous n'avez que le temps qu'il faut,
Si vous voulez faire fortune
A mon loto.

Ma demeure est à Vaugirard,
Tout vis-à-vis maître Abelard,
Qui montre aux enfants la Musique :
L'on se pourvoit, ou l'on souscrit,
Sous mon enseigne magnifique,
En lettres d'or, il est écrit :
Au grand loto,

LE LENDEMAIN DES NOCES,

FOLIE DIALOGUÉE.

Hier soir, ma chere maman,
Tout bas vous me fîtes entendre
Que la nuit je devois m'attendre
A passer un mauvais moment.
Tout en tremblant, pauvre innocente,
J'attendois cet instant fatal.....
Hélas ! le bon Monsieur Chrysante.
Ne m'a pas fait le moindre mal.
— Est-il vrai, ma fille ? Au contraire,
Il ne m'a fait que du plaisir.
Quand nous fûmes au lit, « ma chere,
Je puis t'embrasser à loisir,
Dit-il ; » aussi-tôt il me baise
Sur chaque joue... & même... — Eh bien
Comment tu rougis, ma Thérese? ..
Qu'a-t-il fait ? ne me cache rien.
— Vous m'aviez, qu'il vous en souvienne,

Défendu de rien refuser...

— Sans doute. Auroit-il...? -Sur la mienne
Sa bouche prit un doux baiser.

— Et puis...? — Il me dit à l'oreille :
Bon soir, & s'endormit soudain.

— Ma pauvre enfant...! & ce matin ?

— Ah ! plus tendre encor que la veille,
Il me dit d'un air careffant :
Ma chere femme, je t'adore,
Et me le prouve en m'embraffant.

— Et puis..? Puis il m'embraffe encore ;

— Enfuite ? — Du lit il defcend,
Afin dit-il que je repofe :
Peut-on être plus complaifant ?

— Il ne t'a pas fait autre chofe ?

— Eh ! non : c'eft l'homme le plus doux :
Maman, vous lui faites injure...,
Quoi ! vous pleurez...? Mais je vous jure
Que je n'ai pas de mon époux
Reçu la moindre égratignure.

LE CONFESSEUR

EXEMPLAIRE.

Au temps de Pâque, aux pieds de Pere Jule,
Se confeſſoit un jeune Garnement,
Et des péchés dont fait dénombrement,
Cil de Sodôme, honoroit la cédule.
— Qu'ai-je entendu ! Ciel ! quel égarement !
Que de pécheurs aux infernales flammes,
Livrés pour ce dont vous vous accuſez !
Défaites-vous de ces amours infames,
De notre ſexe, ô mon cher fils, n'uſez,
Et comme moi, ne voyez que des femmes.

L'ESPRIT FORT,

CONTE.

Aux pieds d'un Directeur, Climene, un beau matin,
    Avec un repentir sincere,
Déclara nettement que le petit Colin,
    N'étoit pas le fils de son pere.
    Alte là, dit le Confesseur,
Pour un *Confiteor* vous n'en serez pas quitte ;
Il en faut deux au moins, ce crime fait horreur.
Faut-il qu'injustement votre enfant déshérite
    Un légitime successeur ?
    Il faut, Madame, vous résoudre
    A confesser le fait à votre époux,
    Sans quoi je ne puis vous absoudre.
    L'avouer ne se pouvoit pas.
    La voilà dans un embarras
Qu'on ne peut exprimer, car enfin l'aventure
    Etoit à digérer trop dure.
Il fallut succcomber, & d'un mortel chagrin,

Tomber dans une maladie.

Qui penſa lui coûter la vie.

Sur le rapport du Médecin,

Son époux connoiſſant que la mélancolie

Alloit couper la trame de ſes jours ,

La pria d'en dire la cauſe.

Elle veut l'en inſtruire , & jamais elle n'oſe.

Oſe tout , dit-il , mes amours :

Rien ne me déplaira , pourvu qu'on te guériſſe ,

Quoi ! faut-il qu'un ſecret te donne la jauniſſe ,

Et qu'une femme meure , à faute de parler ?

Cela feroit nouveau. Je vais tout révéler ,

Puiſqu'auſſi bien , dit-elle , un repos favorable

Doit terminer bientôt mon état déplorable

J'étois à la maiſon des champs ,

Où je faiſois la ménagere.

Quand la voiſiue Alix , par des diſcours touchants ;

Auxquels on ne réſiſte guere,

Me prouva qu'avoir des enfants

Etoit à vous choſe impoſſible :

Me prôna les malheurs de la ſtérilité ,

Qui chez les Juifs paſſoit pour un défaut terrible :

Puis dans un jour charmant me fit voir la beauté

D'une heureuse fécondité.
Je me rendis, hélas! à cette douce amorce,
Et Lucas, le Valet de notre Métayer,
Avec moi se trouvant un jour dans le grenier,
Je me souvins d'Alix, & je manquai de force.
Il est, cela soit dit sans vous mettre en courroux,
A faire des enfants plus habile que vous.
Je lui parlai d'amour, il comprit mon langage,
Et sur un sac de bled, sac funeste & maudit !
  Faut-il en dire davantage ?
De ce malheureux sac, notre Colin sortit.
  A Lucas je donnai, je pense,
Quelques boisseaux de bled pour toute récompense.
Si je vous ai trahi, je meurs, pardonnez-moi,
A cela près, toujours je vous gardai ma foi.
N'est-ce pas de mon bled que tu payas l'ouvrage ?
Lui répondit Damis, nullement effrayé.
Cet enfant est à moi, puisque je l'ai payé,
  Ne m'en parle pas davantage.

Après

COUPLET

Sur l'air : *De Nina.*

Après avoir fourni trois fois
L'amoureuse carriere ,
Le pauvre Colin aux abois
Ne pouvoit plus rien faire.
Sa Maîtresse ainsi le voyant,
S'écria tout eu pleurant:
Ah! quel tourment ,
Quand l'inftrument
Duquel le plaifir dépend,
Pend !

ÉPIGRAMME.

Un jour Fanchon la Couturiere
Acheta d'un Fripier un lit pour vingt écus,
Elle a gagné , dit-on , deux cents louis deffus;
Ah! c'eft une grande ufuriere,

F

LE CAS DÉCIDÉ.

Un jeune Peintre au Prieur des Grands-Carmes
Vint s'accuser d'un cas assez nouveau :
Pere, j'ai peint Vénus sortant de l'eau,
Ses bras, son cul, sa gorge & tous ses charmes.
D'abord j'en fus amoureux comme un fou ;
Et pour jouir un peu mieux qu'en peinture
Je m'avisai.. — De quoi ? — De faire un trou
Dans ma Déesse, & par cette ouverture,
Un beau garçon que je mis en posture,
M'introduisit, vous devinez bien où :
Or, estimez lachose en conscience.
En tout ceci, mon principal dessein
Fut de jouir d'un objet féminin :
Le péché n'est de Rome ou de Florence.
Mon cher enfant, je comprends votre cas,
Dit le Patér : la plaisante folie !
Je vous absous, mais n'y retournez pas,
Car dans le fonds c'est pure b....ie.

LE FAUX JUPITER.

J'AI toujours craint les gens portant foutane ;
D'un faint habit couvrant un cœur profane ,
Que de bons tours ces Meffieurs-là nous font !
Séduire Agnès, planter cornes au front,
Ce font pour eux miferes, peccadilles,
O gens de bien ayant femmes ou filles ,
N'oubliez pas ce falutaire avis :
Si par malheur entre en votre logis
Homme d'Eglife, ou Capucin, ou Prêtre ,
Je vous le dis : chaffez vîte le traitre :
Il vient chercher aventure pour lui ,
Ou bien peut-être intriguer pour autrui.
D'un vilain nom ce dernier cas s'appelle ;
Mais à l'honneur la cafarde fequelle
A de tout temps préféré les écus :
Quoi qu'on propofe à ces crânes tondus ,
En les payant on eft sûr de leur zele.
Pour appuyer mon avis là-deffus,
Je veux vous dire une hiftoire affez belle

Touchant Pauline & son ami Mundus.
Pauline étoit une jeune Romaine ,
Veuve à vingt ans , & belle comme Hélene ,
Mais prude outrée , avare de faveurs ,
Et de l'amour dédaignant les douceurs.
De mille amants à toute heure entourée ,
Elle aimoit bien à s'en voir adorée ,
Mais rien de plus : « Non , disoit-elle, non,
» Ne vantez point l'attrait imaginaire
» D'un vain plaisir qui n'en a que le nom :
» Faut-il des sens pour aimer & pour plaire ?
» Eh ! laissons-les au stupide vulgaire.
» Pour moi, j'exige un amour de raison ,
» Pur, dégagé des nœuds de la matiere ,
» Tel en un mot que le prescrit Platon.
» Je n'aimerai jamais d'autre maniere ».
Tous ses amants jeunes , pleins de desirs ,
Peu satisfaits d'un amour sans plaisirs ,
De ses sermons bientôt se rebuterent :
L'un après l'autre enfin ils la quitterent:
Un seul resta , ce fut le beau Mundus.
Bienfait , galant , & digne de sa flamme ,
Par des cadeaux , par des soins assidus ,

Il n'avoit pu toucher encor la Dame :
Las de se plaindre , enfin le pauvre amant ,
Pour réussir, eut recours à la ruse :
Tout galant homme en auroit fait autant.
Et quant à moi , de bon cœur je l'excuse.
Pauline étoit dévote à Jupiter :
D'une Dévôte un Directeur est maître :
L'adroit Mundus en sut bien profiter :
De Jupiter , il gagne le Grand-Prêtre ,
Et lui fait part de son tendre projet.
Le Directeur mis dans la confidence ,
Très-bien instruit , très-bien payé d'avance ,
Court chez Pauline , & lui parle en secret.
« A quel bonheur vous êtes réservée !
» Ma chere fille, ah ! rejouissez-vous :
» Au rang des Dieux vous serez élevée ,
» Et vous verrez la terre à vos genoux.
» Oui, cette nuit, ce n'est pas un mensonge ,
» Le Roi des Dieux a daigné dans un songe
» Me révéler ces décrets absolus ,
» & de sa part, je viens ici moi-même
» Vous annoncer, quel honneur ! qu'il vous aime.
» Moi ! dit d'un ton modestement confus ,

» La belle prude. -- Oui , vous répond le Prêtre ,
» Et dès ce soir il exige de vous
» Dans son saint Temple un entretien bien doux.
» Lorsque la nuit sera prête à paroître ,
» Courez , volez à la gloire , au plaisir.
» Hâtez-vous donc , & quoi qu'on vous demande ,
» Quand le Ciel parle , on ne doit qu'obéir.
Après ces mots prononcés en Prophete ,
Il laisse là sa dévote inquiete ,
Rêvant tout bas à ce propos flatteur ,
Et ne croyant qu'à peine un tel bonheur.
Tout en rêvant , elle fait sa toilette :
Quoique dévote , on est un peu coquette :
Dans le miroir ses appas répétés
Frappent d'abord ses regards enchantés.
En se voyant , elle commence à croire
Que Jupiter , tout Jupiter qu'il est ,
Peut bien l'aimer sans manquer à sa gloire :
Elle est si belle ! elle-même se plaît ,
Et par degrés s'attendrit & soupire ,
Bientôt ses yeux pleins d'un tendre désire
Avidement parcourant son beau corps :
Dieux ! que d'atraits à la fois elle admire !

Gorge d'albâtre & mille autres tréfors ;
Trône charmant de l'amoureux empire.
Tout redoublant fa vive émotion ,
Redouble auffi fa bonne opinion :
Sa vanité s'en nourrit & l'augmente ;
Certain defir qui tout bas la tourmente,
S'y joint encor : bref pour conclufion,
Dès que la nuit lui parut affez fombre,
Notre dévote, à la faveur de l'ombre,
D'un pas léger que le defir conduit ,
Arrive au Temple : un Prêtre l'introduit.
Là fon amant prodiguant la dépenfe ,
Avoit orné galammenr le réduit
Qui devoit voir triompher fa conftance,
Et fe livrant au plus heureux efpoir,
D'une Chapelle avoit fait un boudoir,
L'art s'y joignoit à la magnificence :
Pauline arrive à ce charmant féjour,
Ivre à la fois & d'orgueil & d'amour :
Elle va voir le Roi des Dieux lui-même :
Elle entre... O Ciel ! Quelle furprife extrême !
Elle s'écrie : ah ! Mundus, quoi ! c'eft vous !
— Oui, lui dit-il, tombant à fes genoux,

Oui, c'eſt Mundus dont l'amoureuſe adreſſe,
En vous trompant, vous prépare en ces lieux
Tous les plaiſirs qui ſuivent la tendreſſe :
Pour un moment, nous ſommes ſeuls tous deux :
Si vous vouliez, quel moment plein de charmes !
Il prend ſa main, il la baigne de larmes,
Il fait valoir ſes tranſports & ſes feux :
Pauline reſte immobile, interdite :
Son amour-propre, un reſte de pudeur
Parlent encor dans le fonds de ſon cœur ;
Mais le deſir par ces délais s'irrite :
Son teint s'anime & ſa gorge palpite :
Ses yeux chargés d'une douce langueur,
A ſon amant laiſſent voir ſa foibleſſe :
Il en profite, il oſe, il prie, il preſſe :
Pauline enfin ne peut lui réſiſter,
Et dans les bras de ſa belle Maîtreſſe,
L'heureux Mundus, pour prix de ſon adreſſe,
Juſques au bout remplaça Jupiter.

LE SOMMEIL DE VÉNUS,

CHANSON

Sur l'air : *ô Filii & Filiæ.*

Mars trouva Vénus à Paphos,
La Belle dormoit fur le dos :
Voyons, dit-il, tout ce qu'elle a.
Alleluia !

Il alla déranger foudain
L'écharpe qui couvroit fon fein :
Plus blanc qué neige, il le trouva,
Alleluia !

Sa main eut la témérité
D'en tâter la rotondité,
Le fentant ferme, il s'écria :
Alleluia !

Enivré de si doux plaisirs,
Il forma de nouveaux desirs,
Et de baisers se régala.
    Alleluia !

De cent façons pour l'admirer,
Il se mit à la revirer :
Ce qui s'augmente s'augmenta.
    Alleluia !

Vénus fermant toujours les yeux
Se plaça pourtant de son mieux,
Et le Guerrier en profita.
    Alleluia !

Bon , bon , disoit Mars qui sentoit
Qu'en dormant on le secondoit,
Dormez toujours comme cela.
    Alleluia !

A peine un jeu se finissoit
Qu'un autre se recommençoit :
Trois jours entiers cela dura.
    Alleluia !

Mais enfin Vénus s'éveillant ,
Dit au Dieu , presqu'en rougissant :
Eh ! quoi, Monsieur , vous étiez là !
Alleluia !

QUATRAIN

*A Madame * * *, dont le mari est boi-*
teux & jaloux.

Comme Vénus , vous êtes belle ,
Vulcain est aussi votre Epoux ;
Et je voudrois faire pour vous
Tout ce que Mars faisoit pour elle.

L'ENTHOUSIASME GASCON.

Ces jours paſſés, dans un cercle gaillard,
On demandoit ce qui plaiſoit aux Dames?
Les petits ſoins, dit un jeune Mignard:
Par-là ſambleu! s'écrie un vieux paillard,
Mon bel ami, tu connois bien les femmes!
Si tu ne veux paſſer pour un nigaud,
Tranche & dis-nous, c'éſt un v.. qu'il leur faut.
Car les fourreaux ſont tous faits pour les lames.
Sandis! mon cher, cria certain Gaſcon,
Embraſſe-moi, tu parles comme un c...

LE CRI DU CŒUR.

Pere Brichard exploitoit Sœur Colette,
Sans débrider pour la sixieme fois,
Et deux encor, tant qu'enfin la Nonette,
Qui, se lassant, les comptoit par ses doigts,
Lui dit : Pater c'est assez nous ébattre :
Oui, je le jure, & de par Saint Julien,
Qu'au jeu d'amour vous seul en valez quatre,
Par-là corbleu, suis-je Carme pour rien ?

LA
BÉNÉDICTION TROP CHERE,
OU
LE CONSEIL D'ALIX.

LE grand Colas & la jeune Denife
    Amoureux, pauvres & contents,
Suivis de leurs parents, s'en alloient à l'Eglife
    Dire un oui, faire une fottife,
Dont maint époux s'eft repenti long-temps.
Tout étoit difpofé pour cette grande fête ;
On commence, & déjà meffire Jean s'apprête
    A prononcer le conjungo fatal,
Quand tout-à-coup un fcrupule l'arrête.
Avant que d'achever, il ne feroit pas mal,
    Leur dit-il, de faire une paufe.
Or, dites-moi, s'il vous plaît, & pour caufe,
Ce que vous me donnez pour le droit paftoral ?
    -- Nous avons mis foixante fols enfemble,
    Que vous prendrez, fi bon vous femble,

Répond Colas , surpris de cette queſtion.
—Soixante ſols ! je ſerois un pauvre homme
De donner pour ſi peu ma bénédiction.

    Maître Colas amplifiez la ſomme ,
    Mettez encor vingt ſols avec l'écu.
    Quatre francs pour être cocu ,
    S'écria tout haut un bon drôle !
    Meſſire Jean   quel monopole !
    J'en donnerois volontiers neuf ,
    Et plus encor pour être veuf.
— Oui , je veux quatre francs ſans rabattre une obole.
    Laiſſons les diſcours ſuperflus :
    Quatre francs , ou n'en parlons plus :
    Robin , ôte moi mon étole ?
    Deniſe alors prit la parole.
Colas & moi , dit-elle , avions deux petits lits,
Nous venons de les vendre à la commere Alix
    Pour avoir une grande couche.
    Que je ſuis malheureuſe , hélas !
    Meſſire Jean , que la pirié vous touche :
    Où donc ira coucher Colas ,
    Si vous ne vous mariez pas ?
    Vraiment , voilà bien du myſtere ,

Dit la comere Alix : jour de Dieu ! laiſſez faire ;
Meſſire Jean y perdra ſon latin.
Quand je fus promiſe à Lubin ,
Défunt notre Curé voulut agir de même ,
Mais il ne fut pas le plus fin ;
Lucas & moi d'accord , nous allâmes bon train ;
Si qu'au bout de neuf mois , approchant le Carême ,
Mon ladre de Curé ſe vit réduit enfin
A faire au même jour mariage & baptême ,
Le tout pour un écu. Faites comme je fis ,
C'eſt un profit tout clair. -- Je ſuis de votre avis ,
Répart Deniſe , eh bien ! Colas , prenons l'avance ,
Le Ciel ſait nos intentions ,
Il ſait auſſi notre indigence :
Il voit notre Curé manquer de complaiſance.
Celui-ci répondra de ce que nous ferons ;
Et puiſque ſans argent il ne veut pas qu'on danſe ,
Alons & mettons-lui le plus que nous pourrons
De péchés ſur la conſcience.

CONSOLEZ-VOUS ,

EPITRE CONSOLANTE
A UN COCU.

Consolez-vous, Monsieur Fumet,
Gens de Robe, Gens à Plumet
Ont un destin pareil au vôtre :
C'est le bon Dieu qui le permet.
Le grand Prophète Mahomet
N'en fut pas plus exempt qu'un autre.
Il prit pour femme Cadigha.
Celle-ci, d'humeur un peu chaude,
Dans son cher époux distingua
Des façons qui sentoient le Claude,
Lors Dieu sait comme elle intrigua
Un ribaud plut à la ribaude,
Ce ribaud qui la subjugua
Étoit un gros Prieur de Carmes :
Mahomet le sut, la pargua,
Et prit un croissant pour ses armes.
Bel avis aux gens délicats !
Quand il auroit fait des éclats,

G

Quand il auroit battu fa femme,
Au jour marqué pour fon trépas,
En auroit-il moins rendu l'ame ?
Ce fut, fuivant un érudit,
A Médine qu'il la rendit :
En mangeant un gigot maudit,
Il lui prit une fueur froide.
Qui le força d'aller au lit,
Au fait : quand on l'enfevelit
On lui trouva le *caîche* roide.
(Caîche eft fynonyme de v...)
Soudain le bruit s'en répandit.
Sa veuve accourt, elle s'écrie :
Ah ! certe, j'aurois eu grand tort
d'avoir paffé plus d'une envie
Avec un Moine, vrai butor,
Si mon époux qui difoit d'or
L'avoit porté pendant fa vie
Comme il le porte après fa mort !

L'AVOCAT

POUSSÉ A BOUT.

Un Avocat fut confulté
Par un Tendron d'aimable mine,
Qu'un Gars avoit trop infulté.
L'homme de Loi qui l'examine,
Trouve fous fa fimple étamine,
Deux grands yeux pleins de volupté:
Certain air de naïveté,
Peint fur fa figure enfantine,
Un fein par l'Amour agité:
Qui fe fouleve, fe mutine,
Et femble en fa captivité
Appeller une main lutine,
Qui lui rende la liberté.
Notre Avocat eft tranfporté:
Il lorgne une taille divine,
Des pieds mignons & délicats;

Et ce qu'il voit de tant d'appas,

Ne vaut pas ce qu'il en devine,

   Avec ces titres de faveur,

On peut compter fur la ferveur

Du Legifte le plus auftere.

Le nôtre, expert dans tous les droits,

Avoit, dit-on, plus d'une fois

Pris fes licences à Cythere.

Enfin, près de la belle affis,

Il veut, fans détour, fans myftere,

De fon cas favoir le précis.

» Las ! dit la belle défolée,

» Je vais rappeller mon efprit,

» Et vous conter comment s'y prit

» Le frippon qui m'a violée.

» Il avoit un air tendre & doux,

» La taille la mieux découplée,

» Et le regard … tout comme vous »,

   Notre grave Jurifconfulte,

Flatté d'avoir les mêmes traits,

En reffent une joie occulte :

Et rajeuni par tant d'attraits,

S'approche encor un peu plus près.

De la beauté qui le confulte,
« Pourfuivez ce récit, dit-il,
» Car votre affaire m'intéreffe. —
» Ah ! Monfieur, qu'il étoit fubtil !
» Que l'Amour infpire d'adreffe !
» Ses yeux fur mes foibles attraits ,
» Se promenoient avec ivreffe ».
     L'Avocat qu'un même feu preffe ,
     N'a pas des regards plus difcrets.
« Ce n'eft pas tout, fa main hardie
» Saifit la mienne au même inftant »
     Vous fentez fans que je le die ,
     Que l'Avocat en fait autant.
     « Ce n'eft pas tout , fa perfidie
» Méditoit un autre deffein ;
» Et toujours plus audacieufe ,
» Bientôt fa main licentieufe ,
» Fourrage les lys de mon fein ».
     Notre Avocat, fur ce modele ,
     Gliffant une furtive main ,
     A travers la gaze infidelle ,
     Enfile le même chemin.
     « Ce n'eft pas tout , d'un air farouche ,

» A ses feux je veux m'opposer ;
» Déterminée à tout oser,
» Sa bouche se colle à ma bouche ».

L'Avocat que l'exemple touche,
Ravit un semblable baiser.

Ravit ! je faux , on le lui donne ,
On feint de n'y pas consentir :
Mais c'est pour mieux faire sentir ,
Le prix de ce qu'on abandonne.
Femmes , osez me démentir :
Celle qui jamais ne pardonne ,
Est trop sujette au repentir.
« Ce n'est pas tout, son feu redouble ,
» il me transporte malgré moi ;
» Les genoux tremblants, & l'œil trouble....»
» Je ne sais plus ce que je voi ».

L'Avocat non moins troublé qu'elle ,
Répete une leçon si belle ;
Tous deux bientôt perdent la voix ;
Tous deux se plongent à la fois ,
Dans une extase mutuelle.

Notre Avocat crut jusqu'au bout
Avoir imité son modele ,

» Ce n'eſt pas tout, dit la Donzelle.—

» Comment, Diable ! ce n'eſt pas tout !

» Qu'avoit-il de plus à vous faire ?

» Vous m'étonnez ! dites ma chere ,

» Comment la choſe ſe paſſa ? —

» Eh ! mais voici tout le myſtere ,

» Monſieur , c'eſt qu'il recommença ».

LE DÉLUGE.

Cap dé bious, difoit un Gafcon
A fa moitié, qui faifoit la niaife,
Pour la premiere fois, Fanchon,
Il me femble qu'ici je fuis bien à mon aife.
Las ! dit-elle, mon cher, je fuis neuve à tel jeu,
Appellez un Frater, & je le ferai juge
Que mes eaux feulement ont paffé par ce lieu.
Vos eaux ! fandis, répart le Gafcon qui prend feu :
Dites donc les eaux du Déluge.

Ægri falivantis folatium.

Des beautés de Paris, o toi la moins farouche,
Ce fut peu d'un écu que tu reçus de moi,
En retour du plaifir que je pris fur ta couche,
Car depuis plus d'un an que j'eus affaire à toi,
L'eau m'en vient encor à la bouche.

DIALOGUE

ENTRE DEUX SERVANTES.

EH bien ! notre nouveau Curé ? —
Ah ! palfangué c'eft un brave homme !
Le premier étoit bon, mais je veux qu'on m'af-
 fomme
 Si le fecond n'eft meilleur à mon gré. —
Comment cela ? — Comment ? Tiens, juges-en,
 commere :
Il me donne par ans quarante bons écus ;
 Voire quelque chofe de plus :
J'ai la clef de la cave & je n'ai rien à faire.
 — Et la nuit .. ? — Oh! la nuit nous faifons lit
 à part ;
 Meffire Arlot eft un faiht Prêtre,
Qui ne reffemble en rien à Meffire Chouart.
 — Dieu me garde d'un pareil maître !
 Il me feroit mourir d'ennui :
Oh! que j'aime bien mieux fervir chez fon Vicaire!
Je n'ai que dix écus & je fais maigre chere,
 Mais du moins on couche avec lui.

LE SALAMALEC LYONNOIS,
CONTE.

JAMAIS ne fut Nation plus civile
Que la Françoise , il le faut avouer ;
L'Envoyé Turc pourroit bien s'en louer,
Après l'honneur qu'à Lyon , la grand Ville ,
Des Magiftrats en paffant il reçut :
Ces Magiftrats crurent frapper au but ,
S'ils régaloient l'Excellence Ottomane ,
D'un compliment en Langage Ottoman :
Car , difoient-ils , parler par Truchement
C'eft une mort : en Langue Mufulmane
Un Mufulman il nous faut faluer.
L'invention leur fembloit mémorable ;
Le point étoit comment l'effectuer ?
Où rencontrer un Harangueur capable ?
Un homme Expert dans le falamalec ?
Notez qu'alors tenoit Auberge illec
Certain Quidam , Déferteur de Mofquée ,
De mauvais Turc devenu bon Chrétien :

C'eſt notre fair, dirent ces gens de bien.
La choſe au Sire étant communiquée,
Il l'approuva : laiſſez faire, dit-il,
François Sélim, c'eſt ainſi qu'on me nomme,
Nul mieux que moi, Dieu merci, ne fait comme
La têto on doit courber juſqu'au nombril,
Rabattre en arc les mains ſur la poitrine,
Se reculer, s'avancer à propos,
Et cætera ; ſuffit, de ma doctrine
Tenez vous ſurs & ſoyez en repos.
Vous me verrez à la mode turqueſque
Faire cent tours qui ſurprendront vos yeux,
Telle action vous paroîtra burleſque
Qui cache au fond ſens très-myſtérieux.
Or en ceci la grande politique
Eſt de me ſuivre en tout d'un pas égal;
Souvenez-vous de cet avis unique,
Vous ne ſauriez, me ſuivant, faire mal.
De point en point on promit de le ſuivre ;
On le ſuivit juſqu'au miondre iota.
L'Ambaſſadeur bien fort s'en contenta;
Mais ce qui, plus que tout, le tranſporta,
Fut qu'un Chrétien parlât Turc comme un livre;

Il n'eſt , dit-il , Aſſeſſeur du Divan ,
Qui mieux que vous entende notre langue,
Pas ne vous doit ſurprendre ma harangue ,
Répond Sélim , je ſuis né Muſulman.
— Né Muſulman ? Vous l'êtes donc encore ?
— Moi ? point du tout. Je me ſuis converti ,
Et c'eſt le Dieu des Chrétiens que j'adore.
— Ah ! par Mahom , vous en avez menti ,
Et Muſulman jamais vous ne naquîtes ,
Ou vous n'avez pas changé de parti.
Je ne puis croire au moins ce que vous dites ,
Si je n'en vois un ſigne fort précis.
— A moi ne tienne. — Etes-vous circoncis ?
— Vous allez voir. Lors ſa miſere nue
Le compagnon étale à découvert.
Les Magiſtrats à cette étrange vûe ,
Quoiqu'étonnés , pour n'être pris ſans vert ,
Suivant leur guide , imitant ſa poſture ,
Firent leur cour en forme & ſans tarder
Chacun ſelon le talent que nature
Petit ou grand , lui voulut accorder.
L'ordre fut rare , & l'hiſtoire rapporte
Que l'Ottoman ſalué de la ſorte ,

Crainte de pis, s'enfuit sans dire adieu.
Tout au rebours les Donzelles du lieu
Prirent grand goût à la cérémonie :
Et telle fut leur jubilation ,
Que maintenant nulle ne se soucie
De voir , après cette réception ,
Ambassadeur , s'il ne vient de Turquie.

LA COLERE NAÏVE.

Dans un verger la friande Colette,
Au point du jour attendoit Auguſtin :
Lucas la vit, & lui dit : Ouais ! poulette,
Que cherchez-vous en ce lieu ſi matin ?
— Un nid, Lucas. — C'eſt bien fait, Péronelle,
Lui répondit le Villageois ruſé ;
Mais pour le prendre où donc eſt votre échelle ?
Tenez , tout franc , le détour eſt uſé ;
Vous cherchez..... là,.... n'eſt-il pas vrai ma
                belle ,
Pourſuit Lucas qui la voit ſe fâcher.
— Eh ! oui, méchant, puiſſes-tu , lui dit-elle,
Avoir perdu ce que je viens chercher !

PARTANT QUITTE,
CONTE.

ALAIN difoit : ma femme écoute-moi :
Je t'avourai qu'avant que d'être à toi,
Bien jeune encor, je fis une folie ;
J'eus une fille : elle eft, ma foi, jolie ;
Prends-la chez toi, faute de nourriffon ;
Je veux de toi qu'elle prenne leçon :
Tu l'aimeras, car elle te reffemble ;
Et moi, j'ai fait, dit-elle, un beau garçon :
Il nous faudra les marier enfemble.

LE FIN MENTEUR.

EN tremblant, un jour Eloi
Fut chez un Pharmacopole,
» Sauf respect, je... voudrois... — quoi !
— De l'onguent pour la v.....
— Combien ? — deux onces , je croi.
Le voyant saisi d'effroi,
Purgon lui dit : — ah ! compere ,
C'est pour toi, la chose est claire ,
Car tu me parois bien sec.
— Oh ! non : c'est pour mon cher pere
Qui veut me frotter avec.

LE PARDON,
CONTE.

A son voisin la gentille Isabelle
Fut se plaindre de son époux,
Qui toujours lui cherchoit querelle;
Croyez-moi, dit-il, vengez-vous:
Le conseil plut fort à la belle,
Le galant fut choisi pour servir son courroux.
A chaque heure du jour, c'étoit nouvelle plainte:
Notre couple à l'envi signaloit son ardeur;
Mais la colere du vengeur
En moins de huit jours fut éteinte,
De tout on se lasse à la fin.
La belle, que toujours la vengeance aiguillonne,
Six fois fut se plaindre un matin:
Oh ! pour le coup, dit le voisin,
Je suis Chrétien, je lui pardonne.

H

LE MENSONGE ÉVIDENT.

EN bavolet, en simple jupon court,
Sur son balcon Dame Alix appuyée
    lorgnoit les passants un beau jour :
Depuis long temps, aux mysteres d'amour
    La belle étoit initiée :
    Un sien neveu, nommé Valcour,
    Garçon alerte & d'assez bonne mise,
Entre en sa chambre, il la voit, & soudain
    Le frippon sent naître en son sein
    Un mouvement de paillardise,
Si bien que derriere elle il se glisse sans bruit,
Souleve le jupon d'une main libertine,
    Et puis, ainsi qu'on l'imagine,
    S'ajuste, pousse & s'introduit.—
    Eh ! mais, voyez l'extravagance,
    Dit Alix à notre éventé ;
    Valcour.... vous me f.... je pense....
    —Moi ? non, ma tante, en vérité....
    —Comment, non, coquin que vous êtes,

Ne sens-je pas ce que vous faites
Et vous l'osez nier ! c'est par trop fort aussi... ∏
 —Vous êtes donc bien mécontente ,
Dit Lindor d'un ton radouci :
Eh bien ! je vais m'ôter , ma tante ,
Si vous voulez. — Non , restez-y :
Mais je n'aime pas que l'on mente.

H

LA MÉTAMORPHOSE,

CONTE ÉPIGRAMMATIQUE.

GERTRUDE à vingt ans fut jolie ;
Elle avoit deux petits tettons
Qu'Ariste aimoit à la folie,
Et nommoit ses petits frippons.
Ariste fit un long voyage,
Et revint après vingt-cinq ans,
Je laisse à penser quel ravage
Chez Gertrude avoit fait le temps.
Sur les fripons par habitude,
Ariste jeta ses regards,
Ah! mes petits frippons, Gertrude,
Sont devenus de grands pendards.

LE MAL-ADROIT.

Certain benêt voulant fêter sa femme,
Point ne pouvoit attraper le milieu.
Trop haut, trop bas, lui répétoit la Dame,
Y suis-je ? non : — pour le mettre en son lieu,
Ma chere Alix, ton aide je réclame.
Quoi ! ne pouvez, lui dit-elle, en courroux,
Trouver ce que cherchez depuis une heure ?
C'est pourtant là l'office d'un époux,
J'enrage : point ne connois, ou je meure,
D'homme qui soit plus mal-adroit que vous!

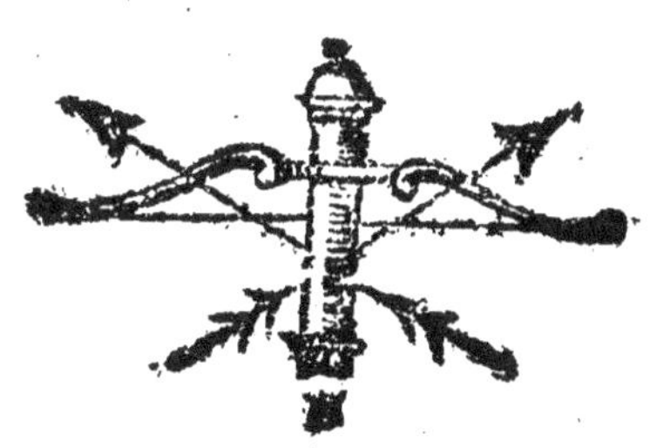

H 3

LE PLAISIR SANS REMORDS,
CONTE.

LE vieux Caſſandre eſt un compere,
Qui, malgré ſon âge, la nuit,
Quelquefois encor fait du bruit.
Et ſa Pernelle une commere,
Qui, ſans mentir, entre deux draps,
A ſon mari ne cede guere.
La nuit ſur-tout du Mardi-gras,
Ils s'amuſerent...... voici comme :
A ſon lit Caſſandre montant,
Vint à faire un... cela s'entend...
Pernelle, alors au premier ſomme,
Que ce bruit éveille à l'inſtant,
Se met à rire, à rire tant,
Qu'elle en fait elle-même autant.
Vous jugez bien que le bonhomme
Ripoſta bientôt d'un ſecond :
Caſſandre veut, quoiqu'il en coûte,
Par un nouveau lui répartir :

Mais.... le sommeil le prend en route.
Après tant de plaisir, sans doute,
Il est bien permis de dormir.

LES DEUX CLYSTERES.

Cloris, tandis qu'à votre pere,
Diaforus donne un clystere,
Vous en recevez un d'un jeune Praticien :
Mais que ces anodins different l'un de l'autre !
Votre pere à l'instant est délivré du sien,
Et vous ne la ferez que dans neuf mois du vôtre.

LE DOUBLE AVEU,
CONTE.

Un grand Seigneur, frappé de mort subite,
Droit aux enfers fut conduit au plus vîte.
Du Styx à peine il eut touché le bord,
Que son Cocher s'offre à ses yeux d'abord.
—Vous. Monseigneur, dans ce lieu de souffrance :
Puis-je savoir quel crime, quelle offense ? ....
— Mon cher Vincent, j'ai tout sacrifié,
Pour enrichir le fils que ma moitié,
Cette adorable & vertueuse femme,
M'avoit donné seul gage de sa flamme.
Mais toi, Vincent, quel est donc le sujet
De ton malheur ? Toi sage domestique....
—Ah ! Monseigneur, ce maudit fils unique,
Hélas ! je suis ici pour l'avoir fait.

LES SOULIERS,

CONTE.

DE tous ses amoureux, Babet dans son printemps,
Exigeoit, pour le prix de ses faveurs secretes,
Deux paires de souliers : aujourd'hui les grisettes,
Rougiroient d'accepter de si minces présens.
Babet s'en contentoit, souliers alloient pleuvants,
L'or, quand on jolie, est fugace, il va vite :
On le gagne aisément, on le ménage peu.
Babet l'avoit senti, souliers restoient au gîte,
Ils devenoient ressource. On conçoit qu'à ce jeu
    Fallut bientôt à la commere ,
Pour loger les souliers une maison entiere,
Le cuir haussa de prix : le Prince le taxa,
Mainte bourse s'emplit , maint Fermier s'engraissa ;
    Tel est chez nous le train des choses ,
Toujours les grands effets ont de petites causes,
    Babet vieillit , le cuir baissa :

Adieu vous dit joli visage,
Taille fine, élégant corsage,
Enfin adieu tous ses appas.
L'age a beau nous rider, il ne nous change pas.
On se travaille en vain, le goût reste le même.
Celui de Babet pour l'amour,
Bien-loin de s'affoiblir, avoit cru chaque jour.
Que faire en ce besoin extrême ?
Le temps de but à but étoit plus que passé,
Il fallut des souliers implorer l'assistance :
Grace à sa sage prévoyance,
L'Amant venu nuds pieds, s'en retournoit chaussé,
Elle habilla par bas les deux tiers de Florence.
Sur quoi certain voisin, d'elle un jour s'enquérant,
De ce tas de souliers qu'elle alloit répandant,
Babet que le métier n'avoit point rendu fausse,
Lui dit : mon cher ami : l'hiver vit de l'été.
Je rends à mes Amants ce qu'ils m'avoient prêté ;
Je les déchaussois, je les chausse.

QUI PERD, GAGNE,
CONTE.

JEANNE, vas fermer la targette,
Difoit en s'endormant, Lucas à fa moitié !
Vas-y-toi, répondit Jeannette :
L'homme eft fait pour être fur pié,
La femme pour dormir. Que je fois eftropié
Si j'y vais, dit Lucas : — que le Diable m'emporte ;
Si j'y vais, dit Jeannette : — on ouvrira la porte : —
Je m'en gauffe, — & moi je m'en ris.
J'incague les voleurs, je n'ai pas une obole : —
Et fi l'on te prend tes habits, —
Je refterai couché, c'eft ce qui me confole.
Oh ça ! tiens, mon mari, convenons entre nous :
Celui qui lâchera la premiere parole,
Ira verrouiller l'huis. Tope, repüt l'époux,
Je fuis muet, bon foir : — moi, j'ai la langue morte.
Pendant que nos époux difputoient de la forte,
Auprès de leur logis certain Carme paffoit :

Le vent éteignit sa bougie.

Comme au travers de l'huis, leur lampe paroissoit,
Mon gaillard, disciple d'Elie,
Frappe, on ne répond point. Il baisse le loquet :—
Pardon ! de votre somme, amis, je vous dérange :
Mais mon abord céans ne doit vous alarmer :
Ma bougie est éteinte, & je viens l'allumer.
Mot. Hola ! dit le Moine, à cet accueil étrange :
M'entendez-vous mes bonnes gens ?
Je n'ai, je le répete aucuns desseins méchants,
Mot encore. Il s'avance : il voit deux grosses faces,
Qui les yeux bien ouverts, rioient entre leurs dents.
Jeanne comptoit au plus vingt ans :
Le Frocard lui trouva des graces.
Son visage, ses traits, lui semblerent piquans :
On est à peu de frais aimable aux yeux d'un Moine :
Il n'est belle ou laidron, qui ne lui soit idoine.
Le Carme, encor qu'il fût perplex,
Jugeant que ce silence étoit une gageure,
Résolut in petto de pousser l'aventure.
Un tetton paroissoit, il y porte l'index.
Le mari reste coi, la femme se résigne.
Réduit à pérorer par signe,

Le grivois parla puissamment :

Or, voilà, je ne sais comment,

Que d'abord près du lit, le Jean-chouart du Frere

Tôt après fut dedans, oh ! jugez de la chere.

Lucas voyoit & souffroit tout.

Plus discrette qu'on ne peut dire,

Jeanne bien qu'on poussât sa patience à bout,

N'eût pas parlé pour un Empire,

Le Moine se montra digne enfant du Carmel.

Fort affamé, peu sensuel.

Le temps vient de partir, mon gaillard'fit retraite,

Il n'étoit pas sorti, que la dame Jeannett,

Chanta goguette à son époux,

Voyez ce gueux, dit-elle, en feignant du courroux,

De me laisser manquer de semblable maniere :

Et par un Moine encor ! je suis d'une colere....

Va je me vengerai, je te le garantis.

Femme, répond Lucas, allez verrouiller l'huis ?

Vous avez parlé la premiere.

IN-PROMPTU - PARODIE

D'UN COUPLET DES AMOURS D'ÉTÉ,

Sur l'air : *En plein, plan.*

Qu'une V... est amere,
Et q'c'est méchante affaire !
Je l'ai bien pour mes six francs,
En plein, plan,
Rlan, tan, plan, tirelire,
Lan, plan,
Il y a des bien honnet's gens,
Qu'en ont une plus chere.

L'EXCUSE

INGÉNIEUSE.

Dans un endroit obscur, trouvant une Duchesse,
Un jeune Mousquetaire osa porter la main
        Sous le jupon de son Altesse.
        Elle jette un cri, c'est en vain :
Mon étourdi, qu'un vif aiguillon presse,
        Jusques au bout allant son train,
        Claquoit & reclaquoit sans cesse ;
        Finirez vous donc libertin ?
A moi quelqu'un ! la Fleur, Champagne, la Jeunesse,
Ces Messieurs, qui buvoient au Cabaret voisin,
    N'entendoient pas la voix de leur Maîtresse.
    Mon polisson lâche prise à la fin. ——
    Ah ! malheureux, tu pairas demain
    Ce trait d'audace & de scélératesse :
    Crois que ton trépas est certain !
    Pardonnez un moment d'ivresse,

Reprit le Mousquetaire avec un air serein ;

J'ai fait sans doute une sottise,

Et vous m'en voyez confondu :

Que voulez vous que je vous dise ?

Las, je suis un homme f..

Si vous avez le cœur aussi dur que le c..

L'OBSERVATEUR EN SECOND,

OU

L'ART D'AIMER.

J'AI vu dans les Ecrits d'un grand Observateur,

Emule d'Hamilton & Poëte des Graces,

Le véritable sens que l'on donne au mot cœur.

En admirant B..... j'ai marché sur ses traces ;

Or, écoutez, ami Lecteur,

Et vous saurez de moi ce qu'il vous faut entendre

Alors que la beauté qui vous a su charmer

Vous avoüra d'une voix douce & tendre,

Qu'elle vous permet de l'aimer.

Aimer n'est pas un mot de sens tout-à-fait valide ;

Anacréon,

Anacréon , Properce & le galant Ovide
Employerent souvent ce mot-là comme il faut.
  Devinez donc ee que pense une Dame
  Dont les attraits sont par l'âge effacés ,
Quand elle vient se plaindre , en nous vantant sa
    flamme ,
Que Monsieur son époux ne l'aime point assez ?
Qu'une fille me plaît , qu'elle est intéressante !
Quand le besoin d'aimer en secret la tourmente ;
Comme elle je ressens ce besoin , ces ardeurs ;
Pourqnoi ne pas unir nos besoin & nos cœurs ?
Elle diroit bientôt , d'une voix expirante :
Ah ! quand on aime bien , qu'on goûte de douceurs !
Mais n'aime pas qui veut , c'est là ce qui me fâche ;
Tantôt bien , tantôt mal , on remplit cette tâche :
J'en vois même plusieurs que je saurois nommer
Qui , malgré leurs efforts , ne peuvent plus aimer.
  Melidore adoroit (on verra par la suite
Qu'ici tout autre mot ne peut être addopté :)
    Adoroit donc une beauté ,
    Dans l'art d'aimer assez instruite :
    Notre amant jeune & sans détour ,
    Dans cet art charmant vrai novice ,

I

Depuis plus de six mois qu'il étoit au supplice,
N'avoit encor osé déclarer son amour.
Aux pieds de Lise enfin il se jette un beau jour :
    Et pour lui peindre son martyre ,
Pousse de grands hélas ! verse des pleurs, soupire,
    Veut lui parler & reste court.
L'amante , en le voyant, pensa crever de rire,
Et sans prendre pitié du trouble qu'elle inspire,
De l'amant à ses pieds , ni de son embbarres ,
Lui répond froidement : non, vous ne m'aimez
      pas,
— Je ne vous aime pas ? .. L'amour le plus sincere
N'est-il donc à vos yeux qu'une vaine chimere ?
Quand je brûle d'un feu qui ne peut s'exprimer,
Quand tout mon sang pour vous.... — Ce n'est pas là
      m'aimer.
    Et moi , je prétends que l'on m'aime.
— Je vous l'ai déjà dit , ma tendresse est extrême :
Votre volonté seule est ma suprême loi :
De grace , commandez. — Eh bien donc , aimez-
      moi !
Désespéré , confus , notre amant se retire :
D'abord il veut se pendre , & puis il réfléchit

Que ce seroit tomber d'un malheur dans un pire,
　　　Enfuite il cherche en son efprit
Le fens de chaque mot , & ce qu'Eglé veut dire ?
　　　L'Amour enfin daigne l'inftruire.
Avec un fi grand Maître une leçon fuffit.
Quelques jours écoulés, il vole chez fa Dame,
Plein d'efpoir & fur-tout bien réfolu dans l'ame,
De mettre , s'il fe peut , la leçon à profit.
Il entre...., Il la voit feule....., Il prend un peu d'au-
　　　　　　dace....
Et fit..... ce que j'aurois voulu faire à fa place.
　　　Pendant les amoureux ébats,
　　　L'Amant difoit à fa Maîtreffe :
Peux-tu te plaindre encor que je ne t'aime pas ?
　　　Peux-tu douter de ma tendreffe ?
La belle lui répart : non, le fait eft certain,
Tu m'aimes maintenant, j'en ai la preuve en main.

ÉPIGRAMME

CONTRE UN SOT POLITIQUE.

DES Gazettes de la Tamise,

Quand tu saurois le résultat,

Faudroit-il te vanter d'être, comme un Moïse,

Savant dans le métier que fait un Potentat ?

Ta femme me l'a dit : ta sottise est sans bornes,

Et si tu ressemblois à cet homme d'Etat,

Ce ne seroit que par les cornes.

LE CURÉ COMPLAISANT.

LISEZ tout bas ce guid'âne,

Monsieur, vous m'épouvantez,

Ah ! quels grands mots ! Libertés....

De l'Eglise Gallicane !

Comment ! je crois, Dieu me damne !

Que je les ai répétés ;

— Venez sur cette Ottomane,

Prendre place à mes côtés.
Or, maintenant écoutez,
Levez ce jupon de panne,
Et sur le dos vous mettez ;
Les deux cuisses écartez,
Moi, j'entrouvre ma soutane....
— Je crois que vous me....
— Non, c'est pour vous montrer, Jeanne,
Ce qu'on nomme Libertés
De l'Eglise Gallicane.

É P I G R A M M E.

Un Auteur dont le nom passera d'âge en âge,
Montrant un jour son fils, disoit :
Voila mon plus mauvais ouvrage.
Monsieur, reprit Damon, caustiqne personnage
Est-il sûr que vous l'ayez fait ?

LA QUESTION RÉSOLUE.

TROIS rivaux voyant leur Maîtresse
Que l'on vient de blesser au sein :
Aussi-tôt l'un tombe en foiblesse :
L'autre court après l'assassin :
Le troisieme bande la plaie.
Par ce moyen chacun essaie
De montrer qui l'aime le mieux.
Si mon avis on me demande :
Je répondrois qu'il saute aux yeux :
Car je suis pour celui qui bande.

LE FAGOT,
CONTE.

DEUX nouveaux mariés font le sujet du Conte,
Tous deux jeunes s'aimoient tous deux ;
Mais un débat s'émut entr'eux.

Il étoit vif, elle étoit prompte.

Un semblable débat fut autrefois, dit-on ;

    Entre Jupiter & Junon :

    Mais Junon de dépit saisie

    Ne tarda guere à se venger

    Du Jugement de Tiresie.

    Une femme, pour bien juger,

    Veut qu'on juge à sa fantaisie.

Nos deux jeunes époux étoient donc courroucés,

De quoi ? D'être trop peu la nuit en paix laissés,

    De dormir trop peu l'un & l'autre :

    Est-ce ma faute ? c'est la vôtre ;

    N'est-ce pas vous qui me pincez ?

    N'estce pas vous qui m'agacez ?

Telle étoit chaque jour leur plainte mutuelle ;

Mais ils n'avoient qu'un lit, ce n'étoit pas assez

    Pour mettre fin à leur querelle.

    Eh bien ! pour vous montrer, dit-elle,

    Que je ne veux vous dire mot,

    Mettons entre nous un fagot.

Là-dessus la nuit vient, seme le Ciel d'étoiles,

Et couvre l'Univers de ses plus sombres voiles,

Tout invite au sommeil, & le fagot se met

I 4

Pour garant du repos que chacun se promet.

Le couple conjugal dormit comme une souche :

Mais quand de tous ses sens l'usage suspendu,

Après un long sommeil lui fut enfin rendu.

L'épouse vers l'époux nonchalamment tournée ,

Lui dit : au moins vous ne vous plaindrez pas

Que de votre repos je ne fais point de cas.

Et moi , répond l'époux , vous ai-je importunée ?

A la seconde nuit , c'est à recommencer.

Le fagot revient se placer.

Bon soir , mon cœur : bon soir , m'amie.

Au milieu de la nuit pourtant

L'épouse assez mal endormie ,

Se tourne & se retourne tant ,

Que le fagot la pique , & qu'elle se récrie :

Peste soit du fagot , & de qui l'a planté !

L'époux que le fagot n'avoit pas bien traité ,

Qu'avez-vous , dit-il , je vous prie ,

A tant pousser de mon côté ?

O Le fagot , grace à vous , m'a fort mal ajusté.

n Dieu ! cria l'épouse , alors toute attendrie ,

Que je voie , & pour voir le fagot fut ôté.

Mais elle ne vit rien qu'une certaine épine. . . .

Lors prenant & ferrant fon époux dans fes bras ,
Mon ami , lui dit la coquine ,
Pour te venger , au lieu de me faire la mine ,
Pique-moi tant que tu pourras.

LA DEMANDE SINGULIERE.

AU temps preferit par notre mere Eglife ,
Chez fon Evêque un jeune ruftre alla :
Puis il lui dit : Monfeigneur , me voilà ;
J'ai nom Jacquot , baillez-moi la Prêtrife.
Le Prélat rit & lui répond : Nigaud ,
Crois-tu mener fi vite cette affaire ?
Va , mon enfant , pour être Prêtre , il faut
Qu'un homme ait fait trois ans de Séminaire.
Jacquot répart : je le fais , mais auffi
Informez-vous de tout notre Village ,
Mon Pere étoit Vicaire , & , Dieu merci ,
Tout fils le Maître eft franc d'apprentiffage.

L'AVOCAT RAISONNABLE,

Un Avocat revenant dans son logis après deux ans d'absence, y retrouva un gros garçon qu'il ne croyoit pas avoir laissé : au lieu de s'emporter contre sa femme, il fit l'In-promptu suivant :

IN-PROMPTU,

Air : Du Vaudeville de la Rosiere.

Sur cet article délicat,
Un autre courroit au Grimoire ;
Mais moi, comme un franc Avocat
C'est la loi que je veux en croire,
Or si je consulte la Loi,
L'enfant de ma femme est à moi.

Je sais bien qu'avant mon départ,
Madame écoutoit les fleurettes,
Et qu'elle avoit sa bonne part
Du foible qu'on donne aux coquettes ;
Mais si je consulte la Loi,
L'enfant de ma femme est à moi.

Plus je regarde le poupon,
Moins je trouve qu'il me reſſemble :
Il a la bouche de Cliton,
Ses yeux, ſon nez : aye ! aye ! je tremble ;
Mais ſi je conſulte la Loi,
L'enfant de ma femme eſt à moi.

Sur un doute pareil au mien,
Rondon plaida ſa ménagere,
A cela, que gagna-t-il ? Rien.
Le Juge dit au pauvre here :
Va-t-en donc conſulter la Loi,
L'enfant de ta femme eſt à toi.

Tous les jours, j'en ſuis convaincu,
Le plus galant homme peut être
Ce que l'on appelle cocu ;
Mais, ſans chercher à le paroître,
Il dit : n'écoutons que la Loi,
L'enfant de ma femme eſt à moi.

COUPLET A Mlle. * * *.

Air : *Du Vaudeville d'Epicure.*

C'est peu d'être jeune & jolie :
Sans l'amour, que sert la beauté ?
Pour être une fille accomplie,
Il faut un peu de volupté.
Victoire, soyez moins sévere,
Le plaisir n'est que dans vos yeux :
Si vous voulez me laisser faire,
Je le logerai beaucoup mieux.

L'ÉPOUSE NAÏVE.

Blaise aimoit certaine Donzelle,
Il l'épousa. Dès la premiere nuit,
En la caressant, il lui dit :
J'ai peur que nos plaisirs dans quelque temps, ma
belle
Ne te causent bien du tourment.
Ne crains rien, lui répond la naïve femelle ;
Blaise, j'accouche heureusement.

FIN.

Fin de la Table.

www.ingramcontent.com/pod-product-compliance
Lightning Source LLC
LaVergne TN
LVHW012314170726
843503LV00002B/680